Als Matrose in Bremerhaven

von

Roland Blatt

© 2025. Alle Rechte liegen beim Autor

Satz und Umschlag: Robin Behrend, Rendsburg
Verlag: BoD · Books on Demand GmbH,
Überseering 33, 22297 Hamburg, bod@bod.de
Druck: Libri Plureos GmbH
Friedensallee 273, 22763 Hamburg
ISBN: 978 - 3 - 7597 - 2965 - 1
Bilder: siehe Seite 164

Bisher erschienene Bücher von Roland Blatt:

Als Mariner in Glückstadt
    ... oder die Mondscheinkompanie
ISBN: 978 - 3 - 7583 - 6930 - 8

Auf der GORCH FOCK ... gestrandet in Portugal - und
Andere Geschichten aus der Backskiste
ISBN: 978 - 3 - 8448 - 8183 - 7
Auf dem Schulschiff - und andere Geschichten aus dem
Seesack
ISBN: 978 - 8482 - 0509 - 7
Als Minensucher im Kalten Krieg -
Zwanzig Monate auf KM-Boot KOBLENZ
ISBN: 978 - 3 - 7347 - 9626 - 5
Einhand unterwegs zwischen Ems und Elbe
Unterm Rentnerkreuz ... und andere Geschichten von
    Booten, Wind und Wellen
ISBN: 978 - 3 -7568 - 4100 – 4
1866 – ein vergessener Krieg
ISBN: 978 - 3 - 7412 - 9297 – 2
Schleswig-Holstein Geschichte kurz und bündig
ISBN: 978 – 3 – 8482 – 0930 - 9

Dieses Buch ist allen Marinern gewidmet, die an der TECHNISCHEN MARINESCHULE II in Bremerhaven einstmals ihre technische Grundausbildung erhielten. Im besonderen gilt dies für die Kameraden der Crew IV/66, die im Jahr 1966 hier die Schulbank drückten und in den Hallen am Ufer der Geeste alle Höhen und Tiefen einer vielseitigen Einführung in das Handwerk erleben durften.

Roland Blatt

1956 — *1981*

4

Als Matrose in Bremerhaven

Feuer, Lecks und Dosenbrot – die merkwürdigen
Erlebnisse an der Technischen Marineschule II
im Rahmen der Ausbildung der Crew IV/66

Es war vielleicht der letzte Tag im Juni des Jahres 1966, Busse und LKWs hatten den Teil der Crew IV/66, der für Bremerhaven bestimmt war und zu dem auch ich gehörte, zum Glückstädter Bahnhof transportiert. Dort bestiegen wir den Zug, genauer gesagt, die zwei Kurswagen, die ausschließlich für mich und meine etwa 100 Kameraden an den „Marschbahn-Express" aus Itzehoe angekoppelt worden waren. Diese Maßnahme sollte für uns das Umsteigen mit „Sack und Pack" in Hamburg und Bremen überflüssig machen. Und das war dann auch so.

Am frühen Nachmittag und bei bestem Wetter erreichten die beiden Kurswagen Bremerhaven. Auf dem Bahnsteig schulterten wir das Gepäck, vor allem den mächtigen Seesack mit all unserer militärischen und der nur wenigen privaten Habe, und begannen den Marsch zur Kaserne an der „Elbestraße 101".

Den Weg nach dort empfand ich als ziemlich weit, doch so weit war er gar nicht. Mir kam es nur unter der Last des proppenvollen Seesacks und der ebenso gefüllten Marinetasche so vor. Zwar waren wir nicht in Reih und Glied unterwegs, sondern in gelockerter Formation, die sich aber auf der Marschstrecke ziemlich auseinander zog. Dennoch waren wir wieder vollzählig beisammen, als wir am Haupttor der Kaserne angekommen waren. Der begleitende Offizier erledigte die Formalitäten, dann durchschritten wir den Schlagbaum der Wache und wenig später den Tor-ähnlichen Durchbruch des vor uns liegenden Frontgebäudes und befanden uns danach auf dem weitläufigen Musterungsplatz der 1. Inspektion der „Technischen Marineschule II".

Wir waren an unserem Ziel angekommen. Der Platz, auf dem wir uns nun versammelten, war fast vollständig von einem Karree aus Kasernengebäuden umgeben. Hier ließ man uns antreten, wie es ab sofort an jedem Morgen sein sollte, an dem wir die Pflichten eines Matrosen und Lehrgangsteilnehmers auszuüben hatten. Erst wurden wir in Unterrichtsgruppen aufgeteilt, dann wurden uns die Unterkünfte im 1. Stock des halbrechts stehenden Blocks zugewiesen. Für jede Stubengemeinschaft waren jeweils zwei Räume vorgesehen, die von einem Flur getrennt waren: Je ein Raum zum Schlafen und je ein Raum zum Tagesaufenthalt. Also alles genau so, wie wir es von Glückstadt aus gewohnt waren.

Wir, ab sofort Teil der „Unterrichtsgruppe 1" oder kurz: „UG1", bezogen die uns zugewiesenen Stuben, die auch in ganz ähnlicher Weise eingerichtet und ausgestattet waren, nämlich genau so lieblos und funktionell wie die, aus denen wir erst am Morgen ausgezogen waren. Diesmal waren es also elf Kameraden, mit denen ich für die nächsten drei Monate Tisch und Bett zu teilen hatte, die mir aber, von einem abgesehen, alle nicht näher bekannt waren. Was die Räumlichkeiten anbetraf, so befand sich die Schlafstube zur Linken und die Tagesstube zur Rechten. Es gab je zwei Fenster gegenüber der Tür, von denen der Schlafstube konnte man schräg auf den Musterungsplatz sehen und von denen der Tagesstube auf weitere Blocks und zwischen diesen hindurch auf den je nach Stand der Tide nach rechts oder links strömenden Fluss namens Geeste. Was die Einrichtung anbetraf, Feldbetten links, Spinde, Tische, Stühle rechts, da war eine Eingewöhnung völlig überflüssig, denn nur so kannten wir es aus Glückstadt.

8

Erst im Januar des Jahres 1966 hatte ich in Köln die Aufnahmeprüfung für die Marine-Offizierslaufbahn bei der Bundeswehr absolviert, einen Monat später war mir mitgeteilt worden, dass ich sie bestanden hatte, und sogar erst am 15. März des Jahres war mir in Völklingen/Saar das Reifezeugnis des „Staatlichen Realgymnasiums für Jungen" ausgehändigt worden.

Ich hatte danach den Vierjahresvertrag unterschrieben, der mich, sollte ich denn die Ausbildung mit Erfolg durchlaufen, vier Jahre an die Bundeswehr binden würde. Danach würde ich den Dienst als Leutnant zur See beenden, ins Zivilleben zurückkehren und dabei eine recht beachtliche Abfindung erhalten, die für meinen weiteren Lebensweg von größtem Nutzen sein würde. Doch noch war es längst nicht so weit.

Am 4. April hatte ich mich, mit mehr als 200 anderen jungen Männern mehr oder weniger gleichen Alters, in der Kaserne von Glückstadt eingefunden, um dort die Grundausbildung abzuleisten.

Mit „Marine" hatte das, was ich dort erlebte, nicht viel zu tun gehabt, denn die militärische Grundausbildung ist für alle Soldaten der Bundeswehr mehr oder weniger gleich und deshalb fast ganz infanteristisch ausgeprägt. Das einzige, was mich außer der Marineuniform und anderen Nebensächlichkeiten dabei an die Marine erinnert hatte, war das Kutterpullen auf Rhin und Elbe gewesen, bei dem wir ordentlich die Riemen schwingen mussten, um voran zu kommen. Echtes Salzwasser, das bei der Marine zwangsläufig sein sollte, hatte ich da nicht zu schmecken bekommen, denn die Elbe imponiert im so weit im Landesinneren gelegenen Glückstadt eher nur mit einem geringen Salzgehalt. Und auch der wird von der Nordsee nur zweimal täglich mit der Flut dorthin gespült.

Nach drei Monaten war der Spuk, der für mich belastend und fordernd gewesen war, endlich vorbei. Und nun war ich, wie alle meine Kameraden, nach Bremerhaven gekommen, um hier mit jener Technik konfrontiert zu werden, ohne die ein Schiff weder schwimmfähig noch seetauglich ist.

Auch wenn Bremerhaven deutlich näher an der Nordsee liegt als Glückstadt, so konnte man doch feststellen, dass es auch hier nicht ganz einfach sein würde, überhaupt einen Blick auf das Wasser zu werfen, wenn man einmal von dem jenes Flüsschens „Geeste" absieht, welches das Gelände der Technischen Marineschule fast in Gänze umfließt, bevor es in die Weser einmündet.

Doch an das Ufer dieses breiten Stromes namens Weser zu gelangen, an dem Bremerhaven liegt, war damals so einfach nicht, denn die Anleger an der Geeste sowie die weitläufigen Häfen nördlich und südlich der Mündung verhinderten fast jeden direkten Kontakt zum Wasser. Um tatsächlich einen wirklich umfassenden Überblick über diese große Wasserstraße Weser zu bekommen, hätte man vielleicht die Fähre nach Blexen nehmen müssen.

Hier am Ufer der Weser war ich zwar schon sehr viel mehr Mariner und Matrose als zuvor in Glückstadt, aber tatsächlich hatte ich von der Marine immer noch nicht viel mitbekommen und bei mir waren, so der „Schnack" bei dieser Teilstreitkraft in Blau, genau genommen sogar „noch die Finger krumm vom Koffertragen". Aber das sollte sich bald ändern, und nicht zuletzt deshalb war ich jetzt hier in Bremerhaven und räumte den Spind ein.

Bremerhaven, gelegen an Weser und Geeste

Vorne die mäandrierende Geeste, die in der oberen Mitte des Bildes in die Weser mündet. Mitte bis links, in der letzten Geeste-Schleife: die Kasernen der TMS II und die der Marineortungsschule, Mitte bis rechts: der Neue Hafen und der Ortsteil Mitte von Bremerhaven. Rechts, am rechten Geeste-Ufer und gegenüber der TMS II: die Rickmers Werft.

I: Die Stubengemeinschaft

Adler, Guido, aus Heidelberg

v. Bargen, Ulrich, aus Wischhafen/Unterelbe

Blatt, Roland, aus Völklingen/Saar

Dorandt, Manfred, aus Oldenburg in Oldenburg

Eggert, Wilhelm, aus Bad Godesberg

Eberbach, Heinz-Eugen, aus Groß Schlebach bei Bonn

Ehlers, Wolfgang, aus Bergen bei Celle

Grassdorf, Jürgen, aus Seesen am Harz

Hanfeld, Helge, aus Aurich

Hentschel, Wolf-Ulrich, aus Sibesse bei Hildesheim

Hirtz, Klaus-Peter, aus Großkrotzenburg in Hessen

Hochgräfe, Harald, aus Wuppertal :I

Technische Marineschule II, Frontgebäude und Wache

Frontgebäude TMS II, Innenseite, Musterungsplatz

Lieber Kamerad

Diese kleine Schrift soll Dir helfen, Dich recht bald in der Marineschule und im Standort zurechtzufinden. Von der Ausbildung soll hier nicht die Rede sein. Wir sind sicher, daß Du selbst weißt, was Dir Deine technische Ausbildung wert ist und daß sie Sinn und Inhalt Deiner Kommandierung zu uns ist. Wir meinen aber, daß es Dir selbst und Deiner Freude am Dienst dienlich ist, wenn Du Dich bei uns wohlfühlst. Die folgenden Seiten wollen Dir aufzeigen, wie Du mit Deinen freien Stunden etwas sinnvolles, Deinen Neigungen entsprechend, anfangen kannst. In unserer Schule ist noch manches behelfsmäßig. Wir wissen auch, daß sich unsere Hafenstadt nicht mit irgendwelchen weltbekannten romantischen Orten vergleichen läßt. Aber in und außer dem Hause bietet sich Dir doch vieles zur Entspannung, Unterhaltung, Sportpflege und Pflege Deines Hobbys an. Auch Dein Interesse an schönen Dingen und am Kulturleben kann hier zu seinem Recht kommen.
Es kommt in erster Linie auf eigene Initiative und Deine Aufgeschlossenheit an.
Auf den folgenden Seiten haben wir viele Hinweise zusammengestellt. Mögen sie dazu beitragen, daß Du diese Schule bei Lehrgangsende nicht nur mit einem dienstlichen Gewinn verläßt!

Deine technische Marineschule

Doch lange blieben wir nicht hier in der „Technischen Marineschule II" zu Bremerhaven, um hier den Lehrgang der marinetechnischen Grundausbildung im Rahmen der Offiziersausbildung der Marineoffizierscrew IV/66 zu beginnen, denn gerade erst hatten wir drei anstrengende Monate der militärischen Grundausbildung in Glückstadt hinter uns gelassen und vor uns lag nun, vorausgesetzt der Lehrgang wurde mit Erfolg beendet, die dreimonatige Bordzeit auf dem Segelschulschiff GORCH FOCK, die bis zum Jahresende stattfinden sollte. Die Frage dabei war: Wann und wie sollte eigentlich der uns zustehende Jahresurlaub genommen werden?

Die Antwort ergab sich umgehend. Schon direkt nach dem Beziehen der Stuben wurde ein vierzehntägiger Urlaub verfügt, der auf der Stelle anzutreten war, aber auch mit dem Ausdruck höchster Freude angenommen wurde. So kam es, dass wir, kaum dass wir angekommen waren und noch bevor wir uns in der neuen Umgebung orientiert hatten, schon wieder im Zug saßen. Diesmal allerdings nur mit dem „BuKo", dem grau-blauen und auffällig halbrund ausgeformten Bundesmarinekoffer, sowie der Fahrkarte nach Hause in der Hand. Für mich bedeutete das eine mehr als zwölfstündige Zugreise nach Völklingen im Saarland.

Bremerhaven, kaum dass wir es erreicht hatten, verließen wir also wieder und zwar noch am selben Abend. Sollte das etwas aussagen? Sollte das etwas bedeuten für den eigentlich für drei Monate eingeplanten Aufenthalt in dieser Stadt am Unterlauf der Weser?

Technische Marineschule II
Bremerhaven

Glocke vor dem
Stabsgebäude

I: Die Geschichte der Stadt Bremerhaven

Der Landstrich am rechten Ufer der Weser, auf dessen Grund das heutige Bremerhaven steht, gelangte 1648 im Frieden von Münster und Osnabrück, der den 30-jährigen Krieg beendete, als Reichslehen an Schweden und war Teil des „Herzogtums Bremen und Verden". Um einen festen Punkt am Unterlauf der Weser zu haben, begann Schweden nördlich der Einmündung der Geeste den Bau der Festung Carlsburg, die jedoch nie ganz fertiggestellt wurde.

1712: Im Großen Nordischen Krieg (1700 bis 1721), der auf deutschem Boden auch ein Krieg Dänemarks gegen Schweden war, wurde dieses Herzogtum von Truppen aus dem nahen, damals dänischen Oldenburg besetzt, von Dänemark annektiert, aber schon 1719 verkauft an das Kurfürstentum Braunschweig-Lüneburg, dem späteren „Königreich Hannover". Zu dieser Zeit gab es bereits einen Hafen im Bereich der Ortschaft Lehe.

1837: Da die Weser im Süden zur Versandung neigte, kaufte der Bürgermeister der „Freien und Hansestadt Bremen", Johann Smidt, das Gebiet der ehemaligen Festung Carlsburg für Bremen auf und gab der dortigen Ansiedlung den Namen „Bremerhaven". Der damals schon vorhandene Hafen wurde nun massiv ausgebaut zum „Alten Hafen" im heutigen Bremerhaven.

Nur wenig später gründete man am südlichen Ufer der Geeste die Stadt Geestemünde, man baute einen Hafen, der nun allgemein „Neuer Hafen" genannt wurde. Beide Ankerplätze entwickelten sich zu bedeutenden Häfen für die Auswanderung nach Amerika.

Nach dem „Deutschen Krieg von 1866" wurde das Königreich Hannover von Preußen annektiert. So wurde Geestemünde preußisch, doch im Jahr 1924 erfolgte dessen Vereinigung mit dem nördlich der Geeste gelegenen Ort Lehe zur preußischen Stadt Wesermünde. Im Jahr 1939 wurde dann auch Bremerhaven nach Wesermünde eingemeindet.

Wesermünde fiel nach dem Ende des 2. Weltkriegs mit Bremen an die Amerikaner. Beide Städte bildeten damit eine amerikanische Exklave in der ansonsten britischen Besatzungszone. Schon bald nahmen die Amerikaner, mglw. aus Gründen der Aussprache, eine Umbenennung vor: Aus Wesermünde wurde Bremerhaven.

Das Land Preußen wurde 1947 aufgelöst. Als zwei Jahre später die Bundesrepublik Deutschland gegründet wurde, kam Bremerhaven zu Bremen. Die Gebiete beider Städte bilden seitdem das Bundesland Bremen.

In Bremerhaven gibt es damit folgende Häfen: Den „Neuen Hafen" mit dem für das Nachkriegsdeutschland sehr wichtigen Fischereihafen, den „Alten Hafen" und vor allem die weitläufigen Anlagen der Columbus-Kaje, über die lange Zeit der Nachschub für alle in Deutschland stationierten amerikanischen Truppen lief. Auch Elvis Presley erreichte, als er den Wehrdienst ableisten musste, auf diesem Weg deutschen Boden.

Der „AFN Bremerhaven, American Forces Network" war als amerikanischer Soldatensender bereits 1947 gegründet worden. Seine Musik begeisterte aber bald auch deutsche Ohren – und nicht zuletzt unsere.

Die einst selbstständigen Städte Geestemünde und Lehe existieren auch heute noch als Stadtteile in Bremerhaven. Der Name Wesermünde ist untergegangen. :I

Am 15. Juli des Jahres 1966 war der so plötzlich über uns gekommene Urlaub zu Ende, aber das war ein Freitag. Somit folgte noch ein freies Wochenende, das den Urlaub erfreulicherweise noch um zwei Tage verlängerte.

So kam es, dass die Zeitoffiziersanwärter der Crew IV/66 erst am Montagmorgen des 17. Juli 1966 wieder zurück in der Kaserne in Bremerhaven waren. Die Ausbildung in der TECHNISCHEN MARINESCHULE II konnte somit beginnen. Es war der technische Anteil im Rahmen der damals üblichen und allgemeinen Offiziersausbildung der Marine zu jener Zeit.

Zweieinhalb Monate lagen nun vor uns, in denen wir, überwiegend Abiturienten, die vom Handwerklichen eher keine „Ahnung" hatten, in eine neue und ganz andere Welt eintauchen sollten.

Dass hier in Bremerhaven ein ganz anderer Wind wehte als in Glückstadt, wo wir die Härten oder zumindest die erheblichen Anstrengungen und Unbequemlichkeiten der militärischen Grundausbildung in vollem Umfang hatten erleben dürfen, und zwar mit all den Einschränkungen, die damit verbunden waren, merkten wir sofort. Denn hier wehte, atmosphärisch gesehen, statt eines kräftigen Starkwinds, der uns dort oft genug um die Ohren geflogen war, nur noch ein laues Lüftchen. Sozusagen eine leichte Brise, die den hoch-sommerlichen Temperaturen dieser Tage angemessen war. Und es fiel uns durchaus auf, dass wir nun nicht mehr in einer Kompanie waren, sondern „nur" noch in einer fast schon ein wenig zivil klingenden „1. Inspektion", die von dem „I-Chef" Korvettenkapitän Pieper geführt wurde. Der „Ober-Chef" und Lehrgruppenkommandeur war der Fregattenkapitän Pawlak.

I: Mündungsbereich der Geeste in die Weser

Die Mündung der Geeste in die Weser im Jahr 1966.
Blick von Bremerhaven-Mitte auf den Neuen Hafen im
Stadtteil Geestemünde. Hinter der Schleuse geht es nach
links zum Fischereihafen. Vorne am linken Bildrand ist
eben noch die Fähre von und nach Blexen zu sehen.
Vorne rechts, unterer Bildrand: die Einfahrt zum Alten
Vorhafen. :I

Korvettenkapitän Pieper, der den Zweiten Weltkrieg sicher noch in voller Länge miterlebt hatte, ließ es sich augenscheinlich in seiner jetzigen Position recht gut gehen. Sein marineweit bekannter Spitzname „Party-Pieper" schien auch nicht unbedingt darauf hinzudeuten, dass er uns, den Soldaten der Crew IV/66, allzu viel zuzumuten gedachte.

Bereits morgens wurde dies auffällig, denn wir wurden jetzt etwas später geweckt. Selbstredend mussten die Betten in unserer Schlafstube „gebaut" werden, aber niemand kam, um dies zu kontrollieren. So war es wenig verwunderlich, dass die Akkuratesse in diesem Bereich schon bald zu wünschen übrig ließ. Ein geschlossener Marsch zum Frühstück entfiel ebenfalls, aber es war der Hunger, der uns dann doch ziemlich rechtzeitig an die Verpflegungströge trieb. Doch wer das Frühstück, aus welchem Grund auch immer, einmal ausfallen lassen wollte, konnte dies tun, ohne in der einen oder anderen Weise unangenehm aufzufallen.

Noch viel interessanter war die bundeswehrübliche Ausgangsregelung, die nun auch für uns galt. Nun war es an jedem Tag möglich, „an Land zu gehen", die so gefürchtete Anzugsmusterung, wie vor kurzem noch in Glückstadt, entfiel zudem gänzlich. Ein kurzer Blick des „Unteroffiziers vom Dienst" genügte, um in den Besitz der begehrten Tagesausgangskarte zu gelangen. Und gerade für mich, der wegen dieser besonders mir sehr lästig gewesenen Anzugsmusterung in Glückstadt oft ganz auf den „Landgang" verzichtet hatte, war das nun die Chance, all das, was mir diesbezüglich entgangen war, nun hier in Bremerhaven nachzuholen. Und davon machte ich schon am ersten Abend Gebrauch.

Der Ausgang, bei der Teilstreitkraft Marine „Landgang" genannt, endete nun nicht mehr schon um 2200 Uhr, sondern konnte nun reichlich ausgedehnt werden. Das Zauberwort hieß:

„Landgang bis zum Wecken"

Der Lehrgang, der uns die theoretischen und praktischen Kenntnisse von Handwerk und Technik vermitteln sollte, begann sogleich. Vormittags drückten wir die Schulbank und nachmittags, nachdem wir den „Blaumann" angelegt hatten, rückten wir ein in die Werkstätten der Kaserne, ganz hinten in der Schleife jenes Flusses Geeste gelegen, der fast komplett das Kasernengelände umschloss. Und die tägliche Routine der Ausbildung sollte ab sofort sein: Morgens also Berufsschulbetrieb im Saal, am Nachmittag handwerkliche Tätigkeiten und Unterricht in den Hallen an den dort aufgestellten Maschinen und Geräten.

Doch in der freien Zeit vor und nach Dienst lauschten wir der Musik des „AFN Bremerhaven".

I: Der „AFN Bremerhaven" war der erfolgreichste und beliebteste Soldatensender seiner Zeit. Dort, wo er zu empfangen war, machte er jedem zivilen Sender sehr erfolgreich Konkurrenz. Er brachte nicht nur die Hits aus Amerika nach Deutschland, sondern seine Programme, oft sogar von Stars und Sternchen des Musikgeschäfts moderiert, überzeugten die Hörer durch Lockerheit und Leichtigkeit.

Es war die Musik für die junge Generation, der auch wir angehörten. Erst 1993 wurde der Sender abgeschaltet. :I

Den ersten Eindruck hatten wir, als wir im Hörsaal mit einem Lehrer namens Röthemeyer in Kontakt kamen. Diesem kleinen, freundlichen und stets in dunkelblauem Anzug gekleideten Zivilisten, dessen Zunge beim Sprechen ausgeprägt „an den ssspitzen Ssstein" zu stoßen schien, konnten wir wirklich keinen Wunsch abschlagen. Und genau diesem Wunsch entsprechend besorgten wir uns in dem kleinen Laden in der Kantine das sogenannte „Berichtsheft", ein schwarzes DIN A 4-Heft, das genau so wie das Berichtsheft einer üblichen Lehre zu führen war. Und des Weiteren ein überwiegend orangefarbenes Schablonenlineal sowie den dazu gehörenden Tintenkuli. Beide Materialien waren dazu gedacht, alles Gelernte in dem besagten Berichtsheft zu verewigen und zwar in der NORMSCHRIFT, die nur mithilfe des dafür benötigten Spezial-Lineals angefertigt werden konnte.

In das besagte Lineal waren Ausnehmungen eingefräst, die alle großen und kleinen Buchstaben umfassten sowie alle Zahlen. Und in diese Ausnehmungen wurde passend der Tintenkuli eingeführt, sodass auf diese Weise Wörter und Sätze entstanden, die wohlgefällig auf das Auge des Betrachters wirkten. Doch diese Art des Schreibens war eine höchst aufwändige, zeitraubende und auch sehr langweilige. Dennoch taten wir wie geheißen, und das Berichtsheft, das am Ende des Lehrgangs abzugeben war, füllte sich. Vielleicht waren es vier Wochen, die wir mit Herrn Röthemeyer, der Normschrift und diversen, exakt „bemaßten" grafischen Darstellungen verbrachten, doch dann war er aus unserem Blickwinkel verschwunden. Aber es gab da ja noch weitere Inspektionen innerhalb der TMS II, die seiner Unterrichtung bedurften.

April   1956   Aufstellungsbefehl Schulstamm

Auftrag: Vorbereitung der Fach- und Sonderausbildung

1. Juni   1957   Aufstellungsbefehl Technische Marineschule Kiel mit Zweigstelle Bremerhaven für die technische Grundausbildung der Mannschaften

1. April 1959   Die Zweigstelle wird selbständige Technische Marineschule II

Durchgeführte Ausbildungsgänge:

- Gasten-, Maaten- und Bootsmannslehrgänge für die Verwendung in der Schiffstechnik und der Kraftfahrzeugtechnik

- Technologisches Grundpraktikum für Offiziere und Offizieranwärter

- Offizierlehrgänge für Verwendungen in der Schiffstechnik

- Umschulungslehrgänge für Maschinenbau und Elektrotechnik (Facharbeiter-, Gesellen- und Meisterbrief

- Sonderlehrgänge Gas- und E-Schweißen

Dennoch, das Berichtsheft wurde bis zum Lehrgangsende weitergeführt, und neben den Texten fanden noch viele Technische Zeichnungen dort ihren Eingang.

Englisch war für die meisten von uns Offiziersanwärtern kein wirkliches Problem, denn das hatten wir in ausreichendem Maße in der Schule gelernt. Doch hier wurde nun ein „Technisches Englisch" verlangt, das ein wenig anders war. Da mussten doch tatsächlich wieder Vokabeln gepaukt werden.

So, wie das Geschehen in den Werkhallen stattfand, so schritt auch der dazugehörige Unterricht fort. Als wir in der E-Abteilung waren, um in die Geheimnisse der Elektrizität eingeführt zu werden, wurden wir im Hörsaal parallel dazu mit E-Lehre konfrontiert. Es ging dabei um einen Stoff, der vor extrem langer Zeit im Fach PHYSIK behandelt worden war. Die Begriffe wie Watt und Volt, Ampère und Ohm waren mir selbstverständlich geläufig, aber die dazugehörenden Formeln und Gesetze nach und von Herrn Ohm und Herrn Kirchhoff waren im Dunkel längst abgeschalteter Gehirnwindungen verschwunden. Da gab es wirklich etwas zu aktualisieren für mich.

Für einige von uns war die E-Lehre ein Problem, aber letztlich doch ein beherrschbares. Es sei denn, was auch vorkam, man hatte vor dem Stoff kapituliert oder sich dazu entschlossen, den „Lehrgang zu vergeigen", um auf diese Weise aus der vierjährigen Verpflichtung, die man mit der Bundeswehr eingegangen war, auszusteigen.

So ging der Unterricht voran, und oft genug waren wir froh, diesen trockenen Stoff hinter uns gelassen zu haben und den Werkhallen zustreben zu können.

I: Arbeiten auf der Stube

Lernen und arbeiten auf der Stube, fast wie in der Schule: Berichtsheft führen, englische Vokabeln pauken und für das Fach E-Lehre lernen. Dazu hatten wir uns noch mit den Fächern „Schiffskunde", „Schiffswaffenkunde", „Schiffsantriebskunde" und „Schiffsoperationskunde" zu beschäftigen. So sehr wenig war das also nicht. :I

Nach der Mittagspause:

Antreten zum Nachmittagsdienst!

So marschierten wir nach dem Mittagessen tagtäglich im Anzug „Blaumann, Seestiefel, Schiffchen" zu den Hallen der Werkstätten, um dort in kleinen Gruppen von einem oder mehreren Unteroffizieren, Maaten oder Obermaaten, in die Kunst des Handwerklichen eingeführt zu werden. Für die „Unterrichtsgruppe 1", zu der auch die Bewohner der Nachbarstuben gehörten, hieß das auf der ersten Station: Arbeit in der Schlosserei.

Ein sehr gemütlicher, etwas älterer und gut genährter Obermaat, der, wie es mir schien, wohl dem ländlichen Süd-Niedersachsen entstammte, nahm uns nicht nur an die Hand, sondern machte uns auch bekannt mit bisher eher unbekannten Dingen wie „Feile und U-Eisen".

Fast ganze zwei Wochen bearbeiteten wir das Letztere, maximal im Schraubstock der Werkbank fixiert, mit dem Ersteren, nur um danach zu erfahren, dass noch immer „Grate" vorhanden waren, die zu glätten waren, oder dass die angestrebte „Gerade Linie" an den Endkanten der senkrechten Wände des 35 cm langen, quer in U-Form gefertigten Eisenteils noch immer nicht erreicht war. Die Gerade Linie konnte jedoch nur dadurch erzielt werden, indem wir die Überstände soweit abfeilten, bis die noch vorhandenen Vertiefungen auf diese Weise ausgeglichen waren. Und das war ... Arbeit!

Die Werkbänke waren ziemlich lang und mit vielen Schraubstöcken bestückt, an denen nun die Kameraden und ich „im Schweiße des Angesichts" die Metallfeile „rotieren" ließen. Und nicht nur bei mir entstanden auf diese Weise Schwielen an den Händen und Muskelkater in den Armen. Dazu war die Luft von feinsten Metall-Spänen erfüllt, die inhaliert wurden. Wie gut, dass zu jener Zeit der Feinstaub noch nicht erfunden war!

29

Den Obermaaten, der der hauptsächliche Fachvorgesetzte in der Abteilung Schlosserei war, traf ich später auf dem Musterungsplatz wieder, wo er sich in „Wäsche vorn" präsentierte, also in dem Anzug, der den Dienstgraden ab „Bootsmann aufwärts" vorbehalten war.

Auf meine Frage, warum er nicht die für Matrosen bis hin zum Obermaaten vorgeschriebene Matrosenuniform, „Wäsche achtern" genannt, trüge, sagte er mir, dass er älter als 30 Jahre sei und deshalb „Wäsche vorne" tragen dürfe. Er nahm mir meine kecke Frage also nicht übel, sondern füllte mit seiner Antwort eine Lücke in meiner Kenntnis zum Thema „Uniformvorschriften der Marine".

Die nächste Station unserer „UG1" in den Werkstätten war die Schmiede, die für mich so etwas wie der absolute Höhepunkt dieses handwerklichen Geschehens war, dem wir ausgesetzt waren.

Da musste nun das Feuer in der Esse brennen, jedoch weniger mit hell lodernden Flammen, sondern mehr mit einer hochtemperierten Glut, die nur mit dem Einsatz von Handblasebälgen herzustellen war. Doch dann hatte das Eisen, das zu verarbeiten war, keine Chance mehr.

Die dickeren oder dünneren Eisenstäbe, die nun in die Glut eingeführt wurden, erglühten bald selbst in Rot und Gelb. Doch ein Zuviel an Hitze durfte es nicht sein, sonst bestand sehr schnell die Gefahr, dass das Eisen selbst Feuer fing und mit einem „wunderbaren" Funkenflug abbrannte wie bei Wunderkerzen am Tannenbaum.

Der Zustand des Verbrennens musste zwar unbedingt vermieden werden, aber die Hitze sollte ausreichend sein. War das der Fall, konnte das glühende Endstück des zu bearbeitenden, recht dicken Eisenstabes mit einer ganz gewöhnlichen Eisenschere abgeschnitten werden, gerade so, als würde man ein Stück vom Spargel abschneiden. Das so entstandene Werkstück wurde hernach dem Feuer mit Eisenzangen entnommen und auf dem nebenan stehenden Amboss mit kräftigen Hammerschlägen bearbeitet. Im Anschluss daran wurde das dann immer noch heiße Eisen in kaltem Wasser abgekühlt und auf diese Weise gehärtet, dann kam es erneut in die Glut und konnte nach Erreichen der notwendigen Temperatur weiter bearbeitet werden.

Dieser Vorgang wurde mehrmals hinter einander durchgeführt, dann war, jedenfalls in meinem Fall, der Rohling eines Meißels fertig. Und der war damit wohl auf die gleiche Weise entstanden, wie einst die Schwerter der Alten Germanen.

Zum Ende des Arbeitsgangs wurde die Schneidekante am Schleifstein grob beschliffen und dann im Schraubstock weiterbearbeitet und auf Endschärfe gebracht.

Das alles hört sich vielleicht einfach an, aber so einfach war es nicht für uns, die das noch nie gemacht hatten. Wir mussten schon ein wenig Gefühl für Handhabung und Temperatur bekommen, um erfolgreich schmieden zu können. Ich weiß nicht mehr, wie viele Versuche bei mir nötig waren, doch am Ende hatte ich einen Meißel, der voll gebrauchsfertig war.

Auch wenn ich später nie in die Gelegenheit kam, diesen Meißel zu benutzen, so sollte er doch auch heute noch irgendwo in einer meiner Werkzeugkisten vorhanden sein. Und so nagelneu, wie er auch heute noch ist, so könnte er zumindest noch ein wertvolles Erbstück sein.

I. Die Marine in Bremerhaven

Die Geschichte der „Deutschen Marine" nahm in der Mitte des 19. Jahrhunderts in Bremerhaven ihren Anfang. In der fast tausendjährigen Zeit des „Heiligen römischen Reiches deutscher Nation" hatte es zwar nie eine zentral geleitete Marine gegeben, denn das ließ die feudale Struktur des Reichs als ein Konglomerat vieler deutscher Einzelstaaten auch gar nicht zu. Selbstverständlich gab es sehr erfolgreiche Marinen in den zahlreichen deutschen Hansestädten, vor allem in Hamburg, Lübeck und Bremen, die bereits im frühen Mittelalter, aber auch zu jeder anderen Zeit die See befuhren. Später, als es nach dem 30-jährigen Krieg die Hanse nicht mehr gab, war es daneben die Marine Brandenburgs, die für eine gewisse Zeit eine übergeordnete Rolle spielte.

Das „Heilige römische Reich" hatte sich spätestens im Jahr 1806 unter dem Druck Napoleons aufgelöst, als der letzte deutsche Kaiser die ehrwürdige Krone des Reiches niedergelegt hatte und sich fortan „nur" noch Kaiser von Österreich nannte.

Als der napoleonische Spuk 1815 vorbei war, wurde der Deutsche Bund aus der Taufe gehoben. Er war in erster Linie ein Abwehrbund gegen Frankreich, und für einen Krieg mit der Landmacht Frankreich wurde eine Marine nicht gebraucht.

Doch während der Schleswig-Holsteinischen Erhebung von 1848, als Dänemark erstmals die deutschen Seehäfen blockierte, wurde in ganz Deutschland sowie auch in der „Deutschen Nationalversammlung" zu Frankfurt am Main der Ruf nach einer deutschen Marine laut.

Ein Teil der Reichsflotte auf der Rede vor Bremerhaven, um 1850. Oberbefehlshaber war Admiral Brommy.

Eine Reichsflotte wurde gebildet, die zunächst aus den in Schleswig-Holstein aufgebrachten dänischen Fregatten bestand. Der zentrale Stützpunkt, an dem sich auch die Kommando- und Verwaltungsbehörden befanden, war die auf dem Staatsgebiet des erst seit 1815 existierenden „Königreichs Hannover" liegende Stadt Bremerhaven. Die „Deutsche Reichsflotte" bestand zwar nur bis 1853, aber bis dahin war ihr Oberbefehlshaber der aus Sachsen stammende Admiral Bromme, der, entsprechend der Aussprache in England, nun auch in Deutschland als „Admiral Brommy" bekannt und populär wurde.

Zur Zeit der Kaiserlichen Marine gab es im Bereich des heutigen Bremerhaven immer einen Marinestützpunkt. Ebenso vor, in und nach dem 2. Weltkrieg, als auch von Bremerhaven aus mit ehemaligen Kriegsmarine-Schiffen im Auftrag der West-Alliierten die Nordsee von den Minen befreit wurde. Selbst die Amerikaner hatten hier zeitweise eine Schlepperflotte, um die Sicherheit ihrer Nachschub-Schiffe auf der Weser zu gewährleisten. Als ab 1956 die Bundeswehr gegründet und eine Marine etabliert worden war, wurde Bremerhaven für einige Zeit sogar wieder deutscher Stützpunkt für die Hochsee-Minensuchboote der Vegesack-Klasse und der zur Marineortungsschule gehörigen Schulfregatte SCHEER.

Die Gebäude, die zuvor der Kriegsmarine schon als Marineschulen gedient hatten, wurden alsbald von der Bundesmarine übernommen und erneut zu Schulzwecken genutzt. So entstanden die „Technische Marineschule II" und die „Marineortungsschule".

Die Gebäude beider Schulen werden seit 1997 von der bis heute bestehenden „Marineoperationsschule" genutzt.

Die deutsche Reichsflotte im Gefecht mit dänischen Blockadeschiffen vor Helgoland am 4. Juni 1849. Es war das einzige Gefecht der Reichsflotte, es fand statt im Rahmen der „Schleswig-Holsteinischen Erhebung" (1848 - 1851), die bis zum 1.7.1850 vom DEUTSCHEN BUND militärisch unterstützt wurde. In diesem Zusammenhang spricht man auch vom 1. Deutsch-Dänischen Krieg. :I

Die „Station 3" der technischen Ausbildung unserer „UG1" war die Abteilung „Schweißen". Auch hier war ich mit großem Eifer dabei, vor allem, als anfangs das Autogen-Schweißen auf dem Programm stand. Doch das dauerte nicht lange an, denn dann ging man zum Elektro-Schweißen über. Hier hatten wir anfangs und zur Erst-Einübung die Aufgabe, mit der Elektrode Schweißnähte auf Flacheisenbleche zu ziehen. Auch das hörte sich einfacher an, als es dann tatsächlich war, besonders da mit einer Hand der Gesichtsschutz zu halten war.

Die mit Strom aktivierte Elektrode musste mit dem richtigen Winkel und mit der richtigen Geschwindigkeit über das Blech gezogen werden. Nur so war es möglich, eine saubere Form und ein gleichmäßiges Volumen der Naht herzustellen. War man aber zu schnell unterwegs, wurde die Naht zu dünn und zu schmal, war man zu langsam dabei unterwegs, dann klebte die Elektrode unweigerlich fest und schweißte sich so stark an, dass sie verloren war. Da war dann „das Kind in den Brunnen gefallen".

Doch das E-Schweißen sollte nicht nur pädagogischer Selbstzweck sein, sondern es sollte am Ende wieder einmal ein echter Gebrauchsgegenstand entstehen. In diesem Fall ein stählerner Topf, der aus einem rund-gewalzten Blech hergestellt werden sollte, dessen Enden erst im Schraubstock so auf Kontakt gedrückt wurden, dass sie zusammengeschweißt werden konnten. War dies geschehen, wurde das so entstandene Rohr unten mit einer Bodenplatte sowie oben mit einer mittig gelochten Gegenplatte versehen. An die Letztere wurde hernach ein Stück Rohr von jetzt deutlich geringerem Durchmesser angeschweißt, sodass dabei ein Topf mit einem gut zu benutzenden Einfüll- oder Ausgussstutzen entstand.

Der Schweißer nach erfolgreichem Schweißen ...

„Im Schweißer seinem Angesicht
sieht man die Arbeitsfreude nicht!"

(Schweißer-Weisheit aus dem Großraum Dortmund)

Als jeder von uns den so gefertigten Stahltopf fertig und abgeliefert hatte, wurde der auf Dichtigkeit und Qualität geprüft. Ersteres geschah in optischer Endkontrolle, indem Wasser eingefüllt wurde. „Pinkelte" der Topf, war er in der Sekunde bereits als Fehlproduktion aussortiert. Hatte er jedoch diese Erstprüfung bestanden, wurde die Schweißqualität mithilfe von Luftdruck geprüft. Ein unter Druck stehender Schlauch wurde dazu am Stutzen fest angeschlossen, das Ventil geöffnet und nun zeigte sich, ob wirklich „deutsche Wertarbeit" durch unsere Arbeit entstanden war. Manche Werkstücke platzten schon unter geringster Belastung, bei anderen war schon deutlich mehr „Power" dazu erforderlich. Doch letztlich platzten sie alle: Es gab jeweils einen lauten Knall, und die Maate freuten sich.

Da dachte ich doch gleich: „Sieh an, sieh an, so kann man also auch mit kleinen Dingen gar manchen Unteroffizieren Freude bringen!"

Fast alle Töpfe wurden auf diese Weise durchgeprüft, meiner jedoch nicht. Ich drängelte mich aber auch nicht unbedingt nach vorne, denn sehr viel Qualität traute ich meinem Schweißgut nicht zu. So blieb für mich nur die vage Erkenntnis im Raum, einigermaßen mit Erfolg geschweißt zu haben. Ganz sicher aber mag manche Schweiß-Naht nur deshalb eine Schweiß-Naht gewesen sein, weil sie „im Schweiß des Angesichts" entstanden war.

Die Schweißtöpfe aber, egal ob schlecht, gut oder besser, wurden am Ende achtlos in einen Behälter geworfen, um eines schönen Tages als Eisenschrott in ein neues Leben einzutreten.

Noch hatten wir diesen interessantesten und zudem auch handwerklich anspruchsvollsten Teil unserer Werkstattausbildung nicht ganz hinter uns, denn das, was nun noch kommen sollte, war die praktische Ausbildung an der Drehbank und danach die Einführung in das Handwerk des Elektrikers.

Doch die Frage blieb: Warum hatten wir ganze 14 Tage am Schraubstock gestanden und das U-Eisen gefeilt?

Die Antwort war die: Es ist wohl von ganz besonderer Schwierigkeit für den Anfänger, mit der Feile eine gerade und präzise Linie ohne Grate zu feilen und dazu alle Flächen plan und eben zu gestalten. Dazu braucht man viel Übung, was der Sinn der Sache zu sein scheint, und viel Geduld sowie das „Auge" für den „rechten Winkel". Es ist eben ärgerlich, wenn man an einer Stelle zu viel weggefeilt hat und dann an allen anderen Stellen das harte Eisen soweit wieder abfeilen muss, bis die Linien und Fluchten wieder stimmen.

Es war also ein reines Training gewesen, das wir an den Schraubstöcken erlebt hatten, die wohl noch aus dem Bestand der einstmals auf diesem Gelände vorhanden gewesenen Werft herübergerettet worden waren. Auf jeden Fall war es ein Training gewesen, das zwar sehr viel mit Mühe, Kraft und Nerven verbunden gewesen war, aber nur wenig mit Spaß und Freude.

Das war beim anschließenden Schmieden und Schweißen allerdings ganz anders gewesen.

I: Die Kaserne

Zu königlich-preußischer Zeit, die bereits im Jahr 1866 mit der Auflösung des Königreichs Hannover und der umgehend erfolgten Eingliederung dessen Gebiete nach Preußen begann, sowie in der nachfolgenden Kaiserzeit war Bremerhaven ein militärischer Mittelpunkt in Bezug auf die Sicherung der deutschen Nordseeküste und des Weserschifffahrtsweges nach Bremen gewesen. Jedoch nach dem verloren gegangenen 1. Weltkrieg und gemäß den Vorschriften des Vertrags von Versailles wurde auch das Land beiderseits der Wesermündung desarmiert. Sicherungsforts und ähnliche Militär-Anlagen wurden geschleift.

Im Jahr 1934 und im Zuge der Wiederaufrüstung kam es erneut zu Veränderungen. Das auf dem linken Ufer der Geeste gelegene und fast gänzlich von diesem Tidegewässer umflossene Gelände, auf dem über 90 Jahre die Werft „Johann C. Tecklenborg" ihren Bestand gehabt hatte, war 1928 im Rahmen einer Werften-Umstrukturierung frei geworden und wurde nun von der Reichsmarine aufgekauft.

Schon 1935 begann man mit dem Bau der an dieser Stelle geplanten Marineschule. Bis auf das noch völlig intakte, aufwändig im Stil der Jahrhundertwende erbaute Verwaltungsgebäude dieser vormals so berühmten Werft „Joh. C. Tecklenborg", das in der späteren Bundesmarine noch genutzt wurde und unter dem Namen „Grauer Esel" bekannt war, wurden alle Reste der stillgelegten Werft beseitigt. Die neuen Gebäude entstanden, erbaut aus dunkelrotem Klinker und im Stil ganz ähnlich dem der Kaserne von Glückstadt.

Postkartenansicht:
Rechts und links die Geeste, in der Halbinsel dazwischen
liegen die Gebäude der TMS II und der MOS.
Das helle Gebäude rechts im Hintergrund war der „Graue
Esel", Hauptgebäude der Marineortungsschule. Es war
das Verwaltungsgebäude der einstmals hier ansässig
gewesenen Werft „Johann C. Tecklenborg". :I

Bremerhaven: an der Drehbank
Bremerhaven: in der Schmiede

Nach Abschluss des Schweißabschnitts wechselten wir in die Dreherei. Angeblich waren wir dort, wie es uns später bescheinigt wurde, volle 15 Stunden an den Drehbänken zugange. Doch tatsächlich hielten uns die Unteroffiziere die meiste Zeit davon ab, an diesen Maschinen tätig zu sein, denn deren Befürchtung, dass wir diese mit unseren „unegalen" Fingern ruinieren könnten, war viel zu groß. Es hätte uns deutlich mehr Spaß machen können, so aber hörten wir ein ums andere Mal: „ ... Macht da bloß nichts kaputt!"

Danach und ziemlich zeitgleich mit dem dazugehörenden vormittäglichen Unterricht begann die Ausbildung in der E-Werkstatt. Also jetzt ging es um das Basiswissen der Elektrik: Dazu bekamen wir verschieden strukturierte „Steckkästen" an die Hand, in denen wir Verbindungen herzustellen hatten, und wenn das gelang, strahlten nicht nur die dort eingeschraubten Glühbirnen, sondern auch die Gesichter der Lehrgangsteilnehmer.

Diese Leuchtmittel nun also zum Leuchten zu bringen, das war das Ziel all unserer Bemühungen, und das zu erreichen wurde uns von Mal zu Mal schwerer gemacht. Neue Kontakte wurden hergestellt, Widerstände wurden eingebaut, gleicher oder unterschiedlicher Art, und am Ende ergaben sich sogenannte Reihen-Schaltungen und Parallel-Schaltungen.

Alle meine Erkenntnisse, die ich so in den Hallen von Bremerhaven gewann, haben immerhin ausgereicht, um später auf einen professionellen Elektriker verzichten zu können, wenn es darum ging, in den von mir besiedelten Zimmern, Wohnungen und Häusern Lampen und andere Verbraucher anzuschließen. Insofern kann ich sagen: „Ja, es wurde tatsächlich auch fürs Leben gelernt".

Allerdings war der Einsatz in der E-Werkstatt leider der letzte, bei dem tatsächlich von uns Hand angelegt wurde und der deshalb kurzweilig war. Denn das, was nun folgte, nannte sich „Wartungskunde Diesel" und danach etwas später „Wartungskunde Dampf". Doch tatsächlich war das nur ein Unterricht an Geräten und Material, bei dem es nur darauf ankam, gut hinzuhören und genau mitzuschreiben. Selbst das Thema „Waffenkunde", das sich im Wesentlichen um die Torpedos vom Typ „G7a" und „Mark 44" drehte, ermüdete so, dass ich jedes Mal hoch erfreut war, wenn die „Rauchpause" verkündet wurde. Auch wenn ich nie Raucher war, so hatte auch ich die Möglichkeit einer kurzen Pause an der frischen Luft, oft mit dem Ausblick auf die Geeste, die in der Sonne des Nachmittags viel besser aussah als bei trübem Wetter. Und dies besonders, wenn die Flut hoch stand und die grau-braunen Schlammbänke im Uferbereich überspült waren.

Unser Blick ging dann nach links und nach rechts, Geeste abwärts und Geeste aufwärts, und ebenso auf das Ufer gegenüber. Und ganz besonders interessant war dabei die Betrachtung der jenseits der Geeste liegenden Rickmers Werft, auf der schon seit längerer Zeit ein Schiff, das wohl einmal ein großer, stattlicher Fischtrawler werden sollte, auf der Helling lag und seiner Fertigstellung entgegensah. Jedes Mal, wenn wir wieder hinguckten, konnten wir uns vom Fortgang der Arbeiten überzeugen. Und jedes Mal war das Schiff seiner endgültigen Form weiter entgegen gewachsen.

Pause auf dem Geeste-Deich

Auch wenn hin und wieder Schiffsverkehr zu beobachten war, so war die Geeste selbst nicht unbedingt eine wahre Augenweide. Vielleicht war es die Auswirkung von Ebbe und Flut, die ihr Wasser eher schmutzig wirken ließ. Und manches Mal, wenn bei Ebbe die Ufer frei lagen, stieg uns ein modriger Geruch in die Nase. Ein Geruch, der sich mit dem latent vorhandenen Fischgeruch zu einer ganz speziellen Melange vereinigte.

Besonders auffällig waren mir die Möwen, die sich hier sehen ließen. Das waren keine der niedlichen, adretten Sorte, die wir in Glückstadt erlebt hatten. Hier waren es wahre Monstervögel, die schmutzig weiß und hell braun gefleckt waren. Mit diesen in einen näheren Kontakt zu geraten, schien mir, nicht ungefährlich zu sein.

Da hatte ich doch immer den Eindruck, dass diese Biester direkt vom Fischereihafen kamen, sich dort mit Fisch den Schnabel vollgestopft hatten und hier nur eine kleine Verdauungspause einlegten. Dass dies tatsächlich so war, das konnte ein Kamerad schon bald bestätigen, als ihn eine „Ladung" genau zwischen Hals und Exkragen traf, die danach ätzend den Rücken hinablief. Da er sich nicht gleich umziehen konnte, hatte er ziemlich lange sein „Vergnügen" mit dem „Schiet".

Doch bald ging es wieder zurück in die recht düsteren Hallen, wieder wurden wir konfrontiert mit Motoren, Maschinen und Pumpen aller Art. Im Einzelfall wäre dieser Frontal-Unterricht ganz sicher von viel größerem Interesse gewesen, aber in der Menge, wie all diese Gerätschaften auf uns einströmten, da war er dann doch recht ermüdend.

Der Dampfkessel, der aufgebaut war, sollte uns, auch wenn er nur in einer verkleinerten Ausführung vorhanden war, ein Bild machen von einer Antriebsart, die noch auf neuen und alten Zerstörern der Marine gebräuchlich war, aber für uns war er nicht mehr als ein weiteres großes Trumm, dem Aufmerksamkeit zu schenken war.

Selbst als einer der mächtigen Schiffsmotoren tatsächlich einmal angeworfen wurde und an der Welle Bewegung zeigte, riss uns das nicht „vom Hocker". Die Maate waren zwar stolz, es mit viel Pressluft und allerlei Tricks einmal mehr geschafft zu haben, diesem Metallgebirge Leben einzuhauchen, aber besonders beeindruckt hat uns das nicht.

Immerhin sahen wir Pumpen von verschiedenen Arten und Formen, auf die bei keinem Antriebstyp verzichtet werden kann.

Es war in der Tat so: Zu Anfang war unser Aufenthalt in den Werkstätten eine sehr interessante und handwerklich durchaus herausfordernde Tätigkeit mit Aussicht auf Erfolg gewesen, doch jetzt blieb davon nichts mehr übrig. Da standen wir uns die Beine in den Bauch, schauten gähnend auf die Armbanduhr und hofften auf ein baldiges Ende der Veranstaltung.

49

Je weiter das Geschehen in dieser Richtung fortschritt, desto mehr kam der abendliche Landgang ins Visier. Vor allem dann, wenn im Speisesaal an diesem Tag nur aus der von Glückstadt her bestens bekannten „Ein-Mann-Packung" gelebt wurde. Wir konnten es nachvollziehen, dass diese in der Bundeswehr in sehr großen Mengen vorgehaltenen Pakete auch einmal verbraucht werden mussten, aber die Köche der Technischen Marineschule nutzten diesen Moment offensichtlich nur dazu, ihre Arbeit mehr oder weniger ganz einzustellen. Schon beim Frühstück wurden wir von den braunen Paketen überrascht, die auf den Tischen bereit lagen. Dann war es an uns, den Tee und den Kaffee mit dem Heißwasser aus den Kannen selbst zu produzieren und das bröckelige Dosenbrot mit fadem Schmalzfleisch aus der praktischen Aluminiumtube zu bestücken Es ist ganz sicher so, dass diese haltbar gemachten Lebensmittel im Feld und nach vorangegangener Nahkampftätigkeit ganz hervorragend schmecken können, aber damit schon beim normalen Frühstück konfrontiert zu werden, hob leider nicht die Laune. Jedenfalls nicht bei mir.

Die EPA, wie diese „Ein-Mann-Packung" kurz genannt wurde, oder das EPA, wenn das die Abkürzung für das „Ein-Mann-Paket" sein sollte, war beim Frühstück nicht ganz vollständig, denn regelmäßig fehlte die Dose mit der mehr oder weniger fließfähigen Mittagsmahlzeit. Und je nachdem, welche Sorte an EPA man zu fassen bekam, da wusste man auch bereits, welche Suppe am Mittag auf dem Tisch stehen würde. Allgegenwärtig war jedoch das säuerlich schmeckende, tiefschwarze Dosenbrot.

Das Essen in Bremerhaven war für mich selbst zwar weniger ein Problem, denn ich gehörte auch damals eher zu jener Sorte Mensch, der überwiegend alles schmeckt, was auf den Tisch kommt. Trotzdem, mein Geschmack wurde nicht immer getroffen, und auch ich litt ein wenig am Ambiente der Mahlzeiten und dies besonders am Abend, wenn die Reste des Frühstücks „aufgebackt" wurden.

Da war es doch von großem Vorteil, ohne Umschweife und Einschränkungen an Land gehen zu können, um sich in einem „Wienerwald" mit einem „Halben Hähnchen vom Grill", dem neuesten kulinarischen Schrei jener Zeit, schadlos zu halten. Und noch viel überzeugender war es, wenn dort statt eines selbstgebrauten Tees dann ein gut gezapftes Glas Bier auf dem Tisch des Hauses stand.

Blick vom Neuen Hafen im Stadtteil Geestemünde über
die Geeste hinweg auf den Stadtteil Bremerhaven-Mitte.
Ein Bild aus dem Jahr 1966.

Ganz am Anfang des Lehrgangs in Bremerhaven nutzte ich die freie Zeit des Wochenendes zum Ausgang in die Stadt, um Land und Leute kennen zu lernen. Wie viele meiner Kameraden stromerte ich durch die Straßen, genoss die vielfältigen Angebote und vertrat mir so auf angenehme Weise die Beine. Nachdem ich die Kaserne durch das Tor verlassen hatte und die Elbestraße betrat, schlug ich den Weg nach rechts ein. Auch danach hielt ich mich rechts, bis ich die Klapp-Brücke über die Geeste erreichte. Hier gönnte ich mir stets einen Blick nach allen Seiten. Was ich flussaufwärts sah, war eine Geeste, die träge an den Gebäuden der Technischen Marineschule vorbei mäandrierte, und was ich flussabwärts sah, war das nämliche Gewässer auf dem Weg zur Weser, trotz einer weiteren Brücke, die dort die Sicht einschränkte. Dennoch waren die solide ausgebauten und mit kleinen Leuchttürmen versehenen Molenköpfe der Einmündung in die Weser gut zu erkennen.

Und nicht nur das, es war sogar, zumindest mit ein bisschen Anstrengung, die Einfahrt zum Fischereihafen auszumachen. Und wer sich fragte, woher der manchmal fast beißend penetrante Fischgeruch kam, der konnte also hier einen ersten Hinweis bekommen.

Zur Rettung für uns und unsere Unterkünfte lag der Fischereihafen südwestlich von den Blocks und Hallen der Marineschule. Es wäre also schon ein südwestlicher Wind nötig gewesen, um unsere Nasen diesem Geruch intensiver auszusetzen, als es ohnehin schon der Fall war. Aber in dem Sommer dieses Jahres überwog die leichte Brise aus Ost, und verweigerte sich diese, so war es eher der übliche Nord-West-Wind, der blies. Beide jedoch waren nicht in der Lage, die Emissionen des Fischereihafens in verstärkter Form zu uns heranzuwehen.

I: Der Weg zur Stadt

Der Weg in die Stadt führte von der Kaserne, hier nur mit wenigen Gebäuden andeutungsweise dargestellt, über die Elbestraße, die Ludwigstraße und die Fährstraße nach Bremerhaven-Mitte zur Bürgermeister-Smidt-Straße, die das Zentrum der Stadt war.

Vorne ist die Mündung der Geeste in die Weser zu sehen, oben rechts der Bahnhof. Gegenüber der Kaserne und somit auf dem rechten Ufer der Geeste liegt die Werft. Vorne rechts – die Fähre nach Blexen.

54

Blick von der Geestebrücke auf die östlichsten Gebäude der Marineschulen TMS II und MOS. :I

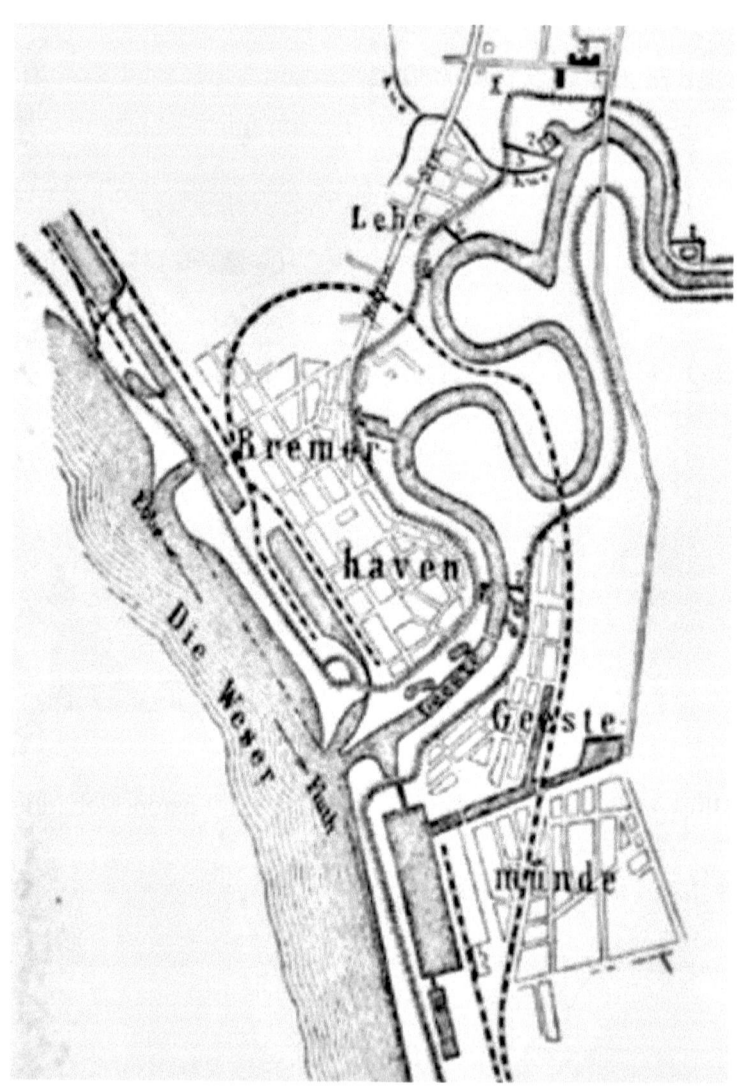

I: Der Unterlauf der Geeste um 1890

Noch sind die hier angezeigten Städte Bremerhaven, Geestemünde und Lehe nicht zusammengelegt, weder zu Wesermünde noch zu dem späteren Bremerhaven. Die Häfen von Geestemünde im Süden und dem damals nur kleinen Bremerhaven im Norden stehen zu dieser Zeit noch in Konkurrenz.

Die Geeste entspringt westlich von Bremervörde im sog. Elbe-Weser-Dreieck. Für eine kurze Strecke nimmt sie den Weg nach Nord und wendet sich dann nach West. Mehr als 25 Kilometer durchfließt sie Wiesen und Weiden, bis sie den Ortsrand des heutigen Bremerhaven erreicht. Hier stößt sie auf das „Tide-Sperrwerk", eine Schleusenabsperrung, die östlich davon die Wassertiefe auf einem schiffbaren Niveau hält und nach Westen hin den Einwirkungen von Ebbe und Flut Einhalt gebietet.

Der hier beginnende Geeste-Unterlauf ist von mehreren großen Flussschleifen geprägt. Die nördlichste der hier dargestellten Schleifen wurde bald danach beseitigt. Die Geeste fließt seitdem in gerader Linie von Ost nach West in Richtung auf den heutigen Stadtteil Lehe, die anderen drei Flussschleifen sind noch vorhanden. In der letzten, der von Süd-Osten zugänglichen Schleife, lagen bis 1981 die „Technische Marineschule II" und, etwas südlich davon, die „Marineortungsschule".

Die meisten der damaligen Kasernengebäude bestehen auch heute noch, der einstmals so bekannte „Graue Esel" und viele der Hallen sind aber inzwischen abgerissen und ersetzt worden durch Neubauten. Beides, alt und neu, gehört zur heutigen „Marineoperationsschule". **:I**

Während die Geeste-Ufer zur Weser hin beiderseits mit Mauern massiv befestigt waren, zeigte die Geeste in Richtung der Marineschule ein weit lieblicheres Gesicht. Zwar war sie auch hier sturmflutsicher befestigt, aber allein schon das Grün der Büsche und Bäume sorgte für ein angenehmeres Bild im Auge des Betrachters.

Leider hatte das Wasser auch hier im Nahbereich der Brücke, auf der ich stand, eher den Anschein, grau und schmutzig zu sein, und bei Ebbe wurden auch hier die Schlammbänke in voller Länge und Breite sichtbar, die den Fluss eng und schmal wirken ließen. Doch dort, wo die Front der TMS II das Bild prägte, sah, besonders wenn die Abendsonne ihr mildes Licht darauf warf, alles sehr viel besser aus. Dazu zeigte die bei Niedrigwasser so unscheinbare Geeste erst bei Hochwasser ihre wahre Stärke. Sie war nun nicht nur für die recht großen Neubauten der Werft schiffbar, sondern sie war auch oberhalb davon ein ganz passables Fahrwasser für die Binnenschiffe, die hier auf dem Weg zum Elbe-Weser-Schifffahrtsweg waren. Ebbe und Flut enden zwar an der „Tideschleuse", aber auch jenseits davon ist die Geeste gut befahrbar für nicht allzu große Schiffe, die nach Hamburg bestimmt sind.

Über einen Platz, den ich durchquerte, gelangte ich zur Bürgermeister-Smidt-Straße, die das eigentliche Zentrum von Bremerhaven auch heute noch ist. Doch wohin ich auch immer ging, wenn ich am frühen Abend unterwegs war, und welche Richtung ich auch immer einschlug, sei es in die Nebenstraßen oder in den zugänglichen Bereich des Hafens, in dem das berühmte Segelschiff SEUTE DEERN vor Anker lag, so führte mich mein Weg am Ende doch fast immer zu den „Amerikanern".

I: Die Clubs und Bars in Bremerhaven

Es gab in den frühen 1950er Jahren eine besondere Zeit, da wurde Bremerhaven sogar als Vorort von Manhattan bezeichnet. Denn durch die Anwesenheit der finanziell gut betuchten Amerikaner schoss in kürzester Zeit eine große Anzahl an Bars und Kneipen in Bremerhaven aus dem Boden. Die halbe Einwohnerschaft lebte davon in der ersten Nachkriegszeit, die aber, als wir Bremerhaven beehrten, längst vorüber war.

Der „TOP-5-Club" in der Wiener Straße, den ich so oft besuchte, war ein Relikt aus dieser Zeit, die 1966 ihren Höhepunkt längst überschritten hatte. Seit die „Amis" im Norden der Stadt ihre eigene Kaserne hatten, waren es danach nur noch die Besatzungen der Nachschubschiffe, die „die Puppen tanzen ließen". Doch auch das hatten die Jungs von der MILITARY POLICE bald im Griff. Sogar noch im Jahr 1966 gab es anerkennende Storys über den schnellen Einsatz der Schlagstöcke. Die Devise schien zu sein: Erst zuschlagen, dann fragen.

Beim Landgang sah ich gelegentlich, wie die meist drei Mann starken Militär-Polizei-Streifen in offenen Jeeps in den Straßen der Stadt patrouillierten. Aber viel hörte ich nicht mehr davon, außer dass man diesen stämmigen Jungs besser aus dem Wege geht.
Es wird mir wohl gelungen sein, denn ich hatte nie einen Kontakt mit ihnen, weder im Guten noch im Bösen. :I

I: Landgang in Bremerhaven

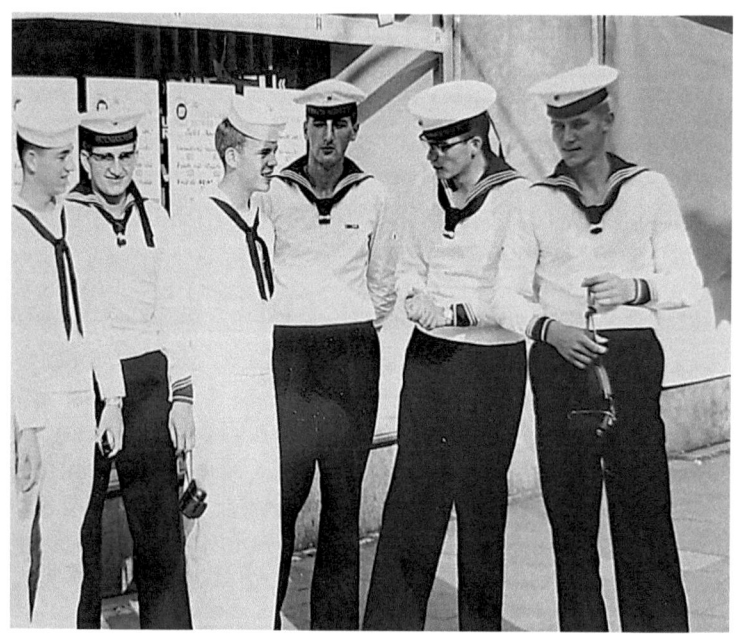

Zusammentreffen beim Landgang in Bremerhaven mit Matrosen US-amerikanischer Marine-Einheiten, die zu einem Kurzbesuch im Hafen lagen.

Vielleicht waren die drei Matrosen der Crew IV/66 anschließend auf dem Weg zum „TOP-5-Club" oder zu jener Kneipe im Rotlicht-Viertel, wo „Tripper-Doris", wenn es ihr denn beliebte, ein Glas mit Cognac auf die Auslage ihrer Oberweite stellte und dies leerte, ohne die Hände zu benutzen. :I

Genau gesagt war es ein amerikanischer Offiziersclub namens „TOP-5", zu dem erstaunlicherweise auch die Offiziersanwärter der Crew IV/66 Zutritt hatten. Und hier anwesend zu sein, das war offensichtlich das Richtige für den ältesten Sohn meiner Mutter. Alles, was im Angebot war, hatte niedrige Preise, und wenn ich zur Zeit der „HAPPY HOUR" dort zugegen war, wurde bei der Bestellung eines Drinks kostenfrei und unaufgefordert ein zweiter Drink daneben gestellt.

Vielleicht machte ich hier die allerersten Erfahrungen in der „effizienzbasierten" Betriebswirtschaft, mit der ich, wenn auch sehr viel später, beruflich immer zu tun haben sollte. Denn das war mir sofort klar: Je mehr ich trank, desto mehr sparte ich! So ging dann mancher „Quarter Dollar" über die Theke, doch manch anderer landete auch in den chromglänzenden „Einarmigen Banditen" im Vorraum. Dennoch, der aufrechte Gang zurück zur Kaserne musste stets gewährleistet bleiben, deshalb übertrieb ich es nie mit der Kosten-Nutzen-Optimierung bezüglich des privaten Kapitals.

Dennoch wäre ich auf dem Rückweg noch gerne in dem ganz in der Nähe des Kasernentors gelegenen Lokal eingekehrt, dessen grelles lila-violettes Neon-Licht so verführerisch die Straße erhellte. Und für mich war es vor allem aber auch der Song, der lautstark in meine Ohren drang und mein Interesse weckte: „Hang on Sloopy!"

Aber das Verlangen, dort noch ein Bier auf die tollen Drinks vom Typ Tom Collins, Manhattan, White Lady oder Screwdriver zu schütten, die ich gerade bei den Amerikanern genossen hatte, hielt sich in engen Grenzen. Genau gesagt: das war mir dann auch zu viel an Alkohol!

Erst ganz am Ende meines Aufenthalts in Bremerhaven schaffte ich es, dieser so extravagant und mysteriös beleuchteten und bis auf die Straße leuchtenden Lokalität einen Besuch abzustatten. Wieder und wieder ertönte zwar der Song „Hang on Sloopy", der es mir zu der Zeit nachhaltig angetan hatte, aber ansonsten war diese Kneipe stinklangweilig und noch nicht einmal das Bier wert, das ich dort trank.

Blick zum „Grauen Esel", dem markanten Hauptgebäude der Marineortungsschule. Dahinter der bildbeherrschende Gasometer, der vielleicht für Bremerhaven wichtig war, aber „nicht so ganz in die Landschaft passte".

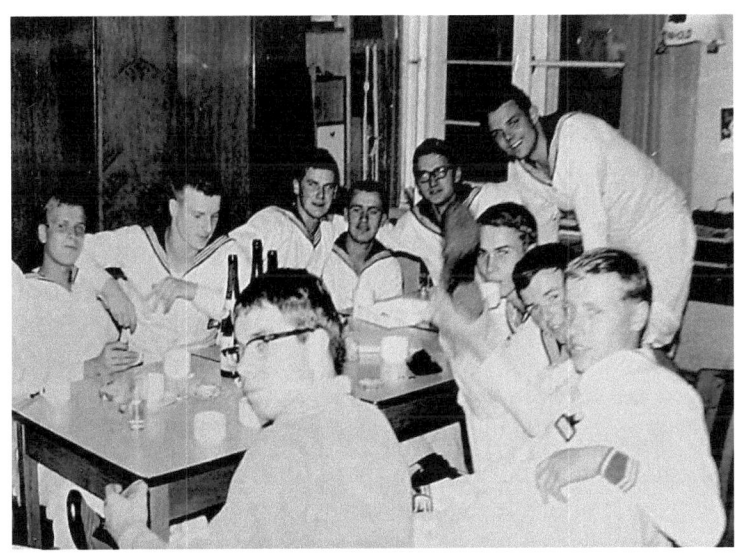

Auf der Stube bei geselligem Zusammensein

Am letzten Tag unserer gemeinsamen Grundausbildung in Glückstadt war die Crew IV/66 aufgeteilt worden. Die eine Hälfte, bestehend aus den gesamten BOAs, also den Berufsoffiziersanwärtern, und die zweite Hälfte in der alphabetischen Liste der ZOAs, der Zeitoffiziersanwärter, waren nach Kiel zur GORCH FOCK versetzt worden, der Rest der Crew, nunmehr also ausschließlich aus ZOAs bestehend, zur TMS II nach Bremerhaven. Eine spezielle Bewertung war das jedoch nicht, denn nach drei Monaten sollte das Kommando getauscht werden.

Das hatte dann dazu geführt, dass die Gruppen, auf der GORCH FOCK ebenso wie in Bremerhaven, sehr willkürlich zusammengestellt worden waren. War es in Glückstadt noch so gewesen, dass nach der Körpergröße eingeteilt worden war, so spielte diese nun keine Rolle mehr. In unserer Zwölf-Mann-Wohngemeinschaft, die des Tags die Tagesstube und des Nachts die Schlafstube teilte, waren „Groß und Klein" vertreten. Nur wenige kannte ich etwas näher, und nur ein einziger aus meiner 6. Gruppe in Glückstadt war in meiner Nähe geblieben: Wolfgang Ehlers aus Bergen bei Lüneburg.

Sogar zu Hisdorf, der damals den Nachbarspind hatte und mit dem ich, soweit man das so sagen kann, seither befreundet war, hatte ich keinen direkten Kontakt mehr.
.

Geblieben war also nur Ehlers, der mir, ebenso wie Hisdorf, in Glückstadt gelegentlich „unter die Arme" gegriffen hatte. Gut möglich, dass ich anfangs einmal mit ihm die Stadt am Ufer der Weser „unsicher" gemacht hatte. Doch nun hatte er in Bergen eine Freundin, und das Verlangen, am Wochenende dort bei ihr zu sein, war deshalb ungleich größer, als mit mir in Bremerhaven ungewissen Vergnügungen nachzujagen.

So war ich oft allein unterwegs, doch eines Samstags, noch ganz zu Beginn unserer Zeit in Bremerhaven und um dem dürftigen Nahrungsangebot der Kaserne zu entgehen, hatte ich die Gelegenheit, mit dem Crew- und Stubenkameraden Hochgräfe zu jenem amerikanischen Club mit dem Namen „TOP 5" unterwegs zu sein. Voraussetzung für den Einlass dort war das Tragen der Uniform. Das aber war für mich ohnehin zwingend, denn zivile Kleidung hatte ich noch gar nicht im Spind, und deshalb hatten alle meine Landausflüge in Uniform statt-gefunden. Wieso aber sogar Offiziersanwärter mit dem absoluten Niedrig-Dienstgrad MATROSE (OA) dort Zugang hatten, war uns unerklärlich. Vielleicht lag es an dem OA-Stern auf dem Ärmel, vielleicht hatten die Amis da auch etwas missverstanden.

Der Weg dorthin war recht weit, und das sorgte für den gesunden Hunger auf jenes Mittagessen von gehobener Qualität, das uns alsbald im Stil des Hauses dort serviert wurde. Und so ganz nebenbei erzählte mir Hochgräfe, nachdem wir ausführlich über „Gott und die Welt" gesprochen hatten, dass er nach Möglichkeit mindestens einmal pro Woche „gut essen gehe". Und das war nun in diesem Fall dieses Mittagessen, bei dem ich Begleitung und wohlgelittener Gesprächspartner war.

Die Themen gingen uns nicht aus, aber die Vorstellung, ihn vielleicht danach noch öfter diesbezüglich begleiten zu dürfen, sagte mir nicht so zu. Zum Ersten bin ich auch mit weniger nobel servierten Speisen zufrieden, solange sie ausreichend gut gewürzt sind, zum Zweiten sagte es mir auch nicht so wirklich zu, des Mittags bei schönstem Wetter „in der Bude" zu sitzen, und zum Dritten war es doch so, dass die für mich sehr viel interessantere HAPPY HOUR erst am Abend stattfand.

Das waren die Gründe, warum jenes exquisite Event der gemeinsamen Nahrungsaufnahme von Speisen gehobener bis höherer Qualität mit Hochgräfe einmalig blieb, trotz der sehr angenehmen Gesellschaft, die er mir hatte zuteil werden lassen.

Für mich war, so wie es bereits mehrfach anklang, hier in Bremerhaven manches sehr anders als in Glückstadt. War ich dort einem Spielmannszug beigetreten, um Musik zu machen, so nahm ich nun zu dem regional bekannten Chor der TMS II „Blaue Jungs von Bremerhaven" Kontakt auf. Ich meldete mich bei dem Hauptbootsmann Faber, der nicht nur der Chef, sondern auch die zentrale Figur in dieser Sangesvereinigung war, und wurde gerne aufgenommen. Einige Abende machte ich auch mit, und die Aussicht auf einen für demnächst geplanten Auftritt in Oldenburg gefiel mir sehr.

Das Bild aus dem Truppenausweis

Doch dann kam es anders. Ich war auf den aus Hameln stammenden Crewkameraden Kropp gestoßen, den es ebenso wie Ehlers in die Arme der holden Weiblichkeit trieb. Und das so ziemlich an jedem Wochenende, und zwar mit dem eigenen Auto und dazu auch noch nach Hameln, wo meine Großeltern wohnten.

Das passte, und damit ergab sich ganz kurzfristig eine echte Win-Win-Win-Situation: Er nahm sehr gerne mein Geld zur Beteiligung an den Benzinkosten, wir hatten unterwegs eine herzerfrischende Unterhaltung, und ich war nun in der günstigen Lage, auf sehr einfache und unkomplizierte Art meinen Großeltern die Freude meiner Anwesenheit zu machen.

Das klappte so gut, sodass ich an den Wochenenden nun häufig in Hameln war, und das vertrug sich nicht mit meiner Anwesenheit im Chor. Erneut ging ich zum Hauptbootsmann Faber und bat um Entlassung, die er mir „ohne Weiteres" gewährte, denn Sänger hatte er genug. Damit war das Thema „Blaue Jungs" für mich beendet, bevor es eigentlich richtig begonnen hatte.
Der Auftritt in Oldenburg soll, wie ich später hörte, ganz gut gewesen sein. Es gab gut zu essen und zu trinken, und damit war zu jener Zeit ein Matrose der Crew IV/66 immer einverstanden.
Im Nachhinein musste ich sagen: Vielleicht war es doch ein wenig vorschnell gewesen, dass ich dem Chor den Rücken gekehrt hatte, denn diesem Auftritt folgten weitere in der Region und darüber hinaus sogar eine vielumjubelte Darbietung im fernen Trier.

In Glückstadt während der Grundausbildung hatten wir alle ziemlich viel Kraft getankt, die bei den Tag für Tag dort üblichen Anstrengungen und Herausforderungen auch hervorragend abgerufen worden war. Doch hier, im täglichen Schulbetrieb in Bremerhaven, wurden diese jetzt überschüssigen Kräfte nicht mehr verbraucht und suchten sich nun anderweitig Bahn. Nur das kann der Grund gewesen sein, dass, nach vier Stunden des ruhigen Sitzens auf der Schulbank und gestärkt durch das gerade erfolgte Mittagessen, die Gewohnheit einriss, auf der Stube Ringkämpfe auszutragen.

Ob nun immer wirklich alle unserer Stube an diesem Kraft und Geschicklichkeit erfordernden mittäglichen Gesellschaftsspiel in jugendlichem Übermut teilnahmen, sei dahingestellt, doch wohl jeder hat sich einmal an diesen Kräfteverbrauchsaktionen beteiligt. Doch wenn uns jemals irgendjemand dabei beobachtet hätte, so würde der wohl nie auf die Idee gekommen sein, dass aus diesen sich fröhlich auf dem Boden Balgenden eines fernen Tages einmal ein „halbwegs brauchbares Mitglied der menschlichen Gesellschaft" werden könnte!
Wer hätte da schon gedacht, dass aus dieser wilden Horde einmal ein Zahnarzt mit Praxis und einer Menge Personal, ein Jurist und Leitender Oberstaatsanwalt, ein Syndikus-Rechtsanwalt, ein Direktor eines Gymnasiums, ein Polizei-Hauptkommissar, ein Architekt sowie ein Medizinprofessor und, man mag es kaum glauben, sogar zwei Admirale der Bundesmarine hervorgehen würden?

Und diese Aufzählung erhebt keinesfalls den Anspruch auf Vollständigkeit!

Was mich betraf, so war ich bei diesen Rangeleien immer voll dabei. Doch ich musste feststellen, dass ich nicht bei jedem die Oberhand gewann. Oft half mir zwar meine Geschicklichkeit, aber manche Gegner waren für mich zu groß, um gegen sie erfolgreich bestehen zu können, oder sie waren für mich zu schwer, um sie überhaupt aus dem Gleichgewicht bringen zu können. Aber bei denen, die in meiner Gewichtsklasse waren, also zum Beispiel bei Ehlers, Eberbach und Hirtz, hatte ich mehr Erfolg. Aber selbst dann, wenn ich am Ende einmal niedergerungen war, hatten diese sportlichen Einlagen auf der Stube doch immer ihren Zweck erfüllt.

Nach einer Weile ließen diese Kraftanstrengungen in der Mittagspause nach. Einerseits war es sicher so, dass wir uns an den wenig kraftraubenden Dienst gewöhnt hatten, andererseits hatte es sich allgemein herumgesprochen, dass irgendwann in der allernächsten Zeit ein Extrem-Dauerlauf von etwa 20 Kilometern auf der Tagesordnung stehen sollte. Und um auch dort zu bestehen, begann ich abends nach Dienst, wenn ich nicht auf „Landgang" war, auf der Aschenbahn des abseits am Ufer der Geeste befindlichen Sportplatzes meine Runden zu drehen.
Zwar fand ich es schon immer öde und langweilig, auf Plätzen dieser Art im Kreis zu laufen, aber ich wollte mich fit halten für den Moment der großen Anstrengung, falls er denn je kommen sollte.
Als dieser Moment dann doch ganz plötzlich über uns hereinbrach und der Dauerlauf tatsächlich anstand, da war ich nicht dabei.

Was war passiert?

Vielleicht, um endlich einmal die militärische Seite unseres Aufenthalts in Bremerhaven zu unterstreichen, war zwei Tage vor dem Lauf „Flagge Luzi" angeordnet worden, jene Übung, die beim Rest der Bundeswehr „Maskenball" heißt und nichts anderes ist als eine Umzieh-Übung im Wettlauf mit der Zeit. Diese in Glückstadt zur Genüge erfahrene Übung hatte uns schon dort stets Spaß gemacht und machte uns auch hier in Bremerhaven viel Spaß. Und so, wie sie durchgeführt wurde, konnten wir sie auch nicht wirklich ernst nehmen. Eigentlich war auch alles schon vorbei, doch zuletzt, als wir wieder im „Anzug: Takelpäckchen, Bordschuhe" anzutreten hatten und auf dem Weg zum Musterungsplatz waren, rutschte ich, eng eingekeilt im Pulk der mitlaufenden Kameraden, auf dem Mittelplateau der Treppe, wo eine Wendung um 180 Grad zu nehmen war, aus und knickte mit dem rechten Fuß um.

Eine besondere Beachtung schenkte ich diesem Vorgang nicht, aber abends, als ich zur Koje ging und die Schuhe und Strümpfe abgelegt hatte, bemerkte ich eine ziemliche Schwellung unterhalb des Knöchels am rechten Fuß. Es sah fast so aus, als sei da eine Maus unter meine Haut gekrochen.

Erstmals überhaupt meldete ich mich bei der Musterung am nächsten Morgen zum Sanitätsrevier ab, obwohl ich eher kein Freund von medizinischer Behandlung bin. Der Stabsarzt besah sich den Schaden und registrierte eine gewisse Instabilität im Bereich des Fußgelenks, dann übergab er mir eine Bandage, die ich ab sofort zu tragen hatte, und anschließend ein Schreiben, das mir die Be-freiung vom Sport für drei Wochen attestierte.

So kam es, dass der große Dauerlauf, für den ich eigens so lange geübt hatte, ohne mich stattfand.

Während also die Crewkameraden im Sportzeug durch Bremerhaven tobten, war ich auf der Stube geblieben und kümmerte mich nun endlich darum, mein Berichtsheft mit Texten in akkurater Normschrift sowie mit den dazu gehörenden Technischen Zeichnungen zu versehen. Für diese für mich eher lästigen Hausarbeiten hatte ich wegen der häufigen Landgänge und der Abwesenheit in Hameln bisher kaum Zeit gehabt.

Ehlers, läuferisch vielleicht der beste Sportler in unserer Stube, kam als erster, wenn auch ziemlich erschöpft, wieder an. Und so wie er mir den Lauf beschrieb, war der wohl bis weit hinaus in die Wiesen und Felder von Leherheide ausgedehnt worden.

Der Rest der Stubengenossen traf nach und nach ein, und manche davon mussten tatsächlich die letzten Meter auf der Treppe nach oben auf „allen Vieren" erklimmen.

Damit war der Lauf, der wohl die einzige wirkliche körperliche Herausforderung in Bremerhaven gewesen war oder sein sollte, an mir vorbei gegangen. Die „Maus" am Fuß hatte ich aber noch lange. Als ich sie später auf der GORCH FOCK vorzeigte, damit man wenigstens einmal davon Kenntnis nehmen konnte, da hat sie keinen mehr interessiert. Und spätestens ab da war sie auch mir völlig egal.

Allerdings trug ich die Bandage auch dann noch, als ich längst durch die Masten der GORCH FOCK kraxelte.

Das Radio auf der Stube spielte zu fast jeder Zeit die Musik von „AFN Bremerhaven", dem amerikanischen Soldatensender. Jedoch um Abwechslung zu haben und um nicht immer die manchmal etwas langen Sprechtext-Anmoderationen in der amerikanisch-englischen Sprache miterleben zu müssen, standen plötzlich nicht nur ein Plattenspieler für Langspielplatten, sondern sogar auch ein Tonbandgerät, das Hentschel von daheim mitgebracht hatte, in der Stube bereit. Damit gab es nun auch die Möglichkeit, flotte Musik aus privater Quelle und nach eigenem Gusto abzuspielen.

Vor allem durch Eberbach, der ein ganz besonders guter Kenner von allem, was mit „Beat" zu tun hatte, zu sein schien, wurde ich in die Feinheiten des aktuellen Musikgeschehens eingeführt. Und das hatte zur Folge, dass ich, als ich eines schönen Tages vom Landgang zurück kam, zwei Langspielplatten dabei hatte, die von mir zuvor in der Stadt käuflich erworben worden waren:

„Aftermath" von den ROLLING STONES und eine Platte von den BEACH BOYS, eine Sonderanfertigung zum Sonderpreis mit der besonders bedeutungsvollen Benamung:

„Fun Beat Surf"

Von beiden Tonträgern wurde umgehend und lautstark Gebrauch gemacht, doch es zeigte sich, dass die flotte und schwungvolle Musik der kalifornischen Band mehr Anklang fand bei den Bewohnern unserer Stube, als die der aktuell viel berühmteren Engländer. Doch wie auch immer, es gab „Stimmung" in der Bude. Und das war das Wichtigste!

Das Tonbandgerät von Hentschel jedoch trat in dieser Phase der musikalischen Entwicklung auf der Stube ein wenig in den Hintergrund. Als er es mir eines Tages zum Kauf anbot, schlug ich ein. So wurde ich kurzfristig und überraschend Eigentümer eines Tonbandgeräts der Marke Grundig.

Von nun an hatte ich das Gerät auf jeder Wochenendfahrt nach Hameln mit dabei und dort saß ich dann an jedem Samstagnachmittag vor dem Radio, um die brandheißen Songs der Hitparade aufzunehmen. Doch in Ermangelung jeglicher anderer Übertragungsmöglichkeiten allerdings nur mit dem mitgelieferten Mikrophon.

Gut war die Aufnahmequalität deshalb ganz bestimmt nicht, aber das tat der Begeisterung keinen Abbruch.

Der August neigte sich bereits dem Ende zu, da hatten wir noch eine Aufgabe zu erfüllen, die uns zwar um die freie Zeit des Wochenendes brachte, die aber dennoch eine Abwechslung war: Wir hatten die Kasernenwache zu stellen!

Um es vorweg zu sagen, auch beim Wachdienst ging es deutlich lockerer zu als vormals in Glückstadt. Auf die Vergatterung wurde ganz verzichtet, das Gewehr trugen auch nur die Außenposten, die am Zaun und am Ufer der Geeste patrouillierten, aber alle trugen als Wach-Anzug „2. Garnitur, blau, Tellermütze, Koppel, Seestiefel".

Für die Torwache, für die ich eingeteilt war, wurde allerdings das seit Glückstädter Zeiten noch gut bekannte Koppeltragegestell zur Unterstützung des Koppels ausgegeben, an dem die Pistolentasche mit der mit fünf Schuss geladenen „P1" befestigt war. Das machte das Tragen der einigermaßen schweren Waffe angenehmer.

Eine Schlafmöglichkeit gab es im beengten Wachlokal für die Wachmannschaft übrigens auch nicht, schlafen mussten wir auf der Stube, was jeweils dann auch einen Weckdienst erforderte, um pünktlich ablösen zu können oder abgelöst zu werden. In Glückstadt war das zwar viel besser geregelt, aber so ging es auch. Was für uns Wachsoldaten allerdings neu war, waren die Arrestzellen im hinteren Bereich des Gebäudes. Auch hier mussten wir gelegentlich einen Blick auf die „Jungs" werfen, die bis zu vier vollen Wochen in diesen dunklen, aber gut verriegelten Räumen zu verbringen hatten.

Routiniert arbeiteten wir die Zeit ab, überprüften die Ein-
und Ausgehenden, schauten am Schlagbaum aufmerksam
in die passierenden Fahrzeuge und gönnten uns sogar
gelegentlich einen prüfenden Blick in den Kofferraum,
wenn wir es für notwendig erachteten.
Regelrecht verblüfft waren wir jedoch, als ein junger
Offizier mit seinem extrem niedrig gelegten Sportwagen
den Schlagbaum passierte, ohne anzuhalten. Und zwar, in
dem er einfach darunter hindurch fuhr.

Ansonsten gab es bei unserem Wachdienst keinerlei
bemerkenswerte Vorfälle, doch Freunde schienen wir
uns, so wie wir die Wachtätigkeit ausübten und obwohl
wir diese etwas lockerer durchführten als in Glückstadt,
offensichtlich nicht zu machen. Denn hin und wieder
hörte ich gemurmelte Kommentare der Kritik, die ich
entweder überhörte oder umgehend ansprach. Kritik, die
sich in etwa so anhörte: „Immer wenn die „OAs" hier
Wache haben, gibt es Ärger!"

Mir war das aber egal, denn entweder machte ich die
Wache, dann machte ich sie auch richtig, und wenn es
dann doch nicht so sein sollte, dann sollten halt die
„zivilen Opas" den Wachdienst machen, wie sonst unter
der Woche auch. Aber am „heiligen Wochenende" war
denen der Wachdienst wohl nicht zuzumuten. Vielleicht
war es auch die Gewerkschaft, die das durchgesetzt hatte.
Wer weiß das schon!

Torwache am Eingang zur TMS II

Am Sonntagvormittag hatte ich eine ganz besondere Aufgabe. Mir war befohlen worden, den „Hofgang" eines der Arrestanten zu überwachen.

Ich nahm das Kerlchen in Empfang und wies ihn ein: „Zügiger Gang, fünf Meter vor mir her und sofort auf meine Anweisungen reagieren!"

Jedoch der Delinquent hatte einen Redebedarf, der kaum zu zügeln war. Sofort und in aller Deutlichkeit musste ich ihn darauf hinweisen, dass das Reden mit mir, oder mit wem auch immer, beim „Hofgang" absolut verboten war. Doch erst als ich unwirsch wurde, lenkte er ein und tat wie befohlen.

Wir marschierten nach Westen zum Ufer der Geeste, dann nach rechts am Wasser entlang, an den Werkhallen und am Sportplatz vorbei, bis sich die Geeste in einer weiteren Schleife nach Norden endgültig entfernte. Nun kamen wir an der hohen Mauer entlang, die auf der Oberseite mit einbetonierten Glasscherben armiert war und das Kasernengelände von der Elbestraße trennte. Endlich waren wir am Wachhaus zurück, an dem ich den Arrestanten übergab. Dieser wurde danach wieder in seine Zelle geführt und bis zum Hofgang des nächsten Tages eingeschlossen.

Die Frage, die mir noch danach blieb, war die: Was wäre wohl gewesen, wenn nun tatsächlich ein Fluchtversuch stattgefunden hätte? Die Pistole war immerhin mit fünf Schuss scharfer Munition geladen und Warnschüsse hätte ich zumindest abfeuern müssen. Was hätte da nicht alles passieren können?

Die Wache jedoch ging ohne Zwischenfälle zu Ende, und am Morgen des nächsten Tages nahmen wir den Schul- und Werkstattdienst wieder auf, als hätte sie nie stattgefunden.

Kurz danach, am Freitag, den 26.8.1966, fand der bereits lange zuvor angekündigte Ball der 1. Inspektion statt. Doch den Kameraden Kropp zog es erneut zu seiner Liebsten nach Hameln, und das nutzte ich zu einem weiteren Besuch bei den Großeltern, die sich immer sehr freuten, wenn ich sie besuchte. Das war der Grund, warum ich bei dem Ball nicht dabei war.

Der Crewkamerad Moebes jedoch war dabei, und er schrieb dazu in sein Tagebuch den folgenden Text:

„Ich bekam, einige Tage vorher, vom Lehrgangsoffizier eine Dame namens Britta, junge Tochter eines höheren Offiziers, zugeteilt. Am Mittwochabend, zwei Tage vor dem Ball, hatte ich allerdings den Antrittsbesuch gemäß der Etikette des „Herrn von Knigge" bei der Familie zu absolvieren, selbstredend mit Blumen, die der Mutter zu überreichen waren. Doch - Gott sei Dank! - traf ich nicht die gesamte Familie an, sondern nur die Mutter und die Tochter.
Das jedoch war am Freitagabend, als ich nun meine Tanzdame abholen wollte, ganz anders!
Nun erwartete mich die gesamte Familie, Vater, Mutter, zwei Söhne und ... Britta. Da kam ich leider so schnell, wie erhofft, nicht wieder los!

Eine Stunde musste ich Rede und Antwort stehen, von allen Seiten wurde ich beäugt, bis ich für geeignet befunden wurde, die Tochter des Hauses zum Ball auszuführen. Dann jedoch ließ es sich der gestrenge Herr Fregattenkapitän nicht nehmen, Tochter und „Galan" zur Kaserne zu fahren.

Der Ball fand danach in der Offiziersmesse statt. Punkt 1900 Uhr wurde er eröffnet, und zwar vom Chef, Korvettenkapitän Pieper, höchst persönlich, als er mit der Frau Gemahlin den Tanz eröffnete und danach sogar die Polonaise anführte. Und obwohl wir Matrosen zuvor zu hochmanierlichem Benehmen angehalten worden waren, wurde der Abend dann doch noch sehr lustig. Erst weit nach Mitternacht brachte ich Britta nach Hause."

Weniger Freude am Ball hatte dagegen Hisdorf, dessen Tanzdame sich kurz vorher ein Bein gebrochen hatte, und nun mit einem bemerkenswerten Gipsgebilde am Tisch saß. Immerhin war sie anwesend, sehr nett war sie auch, aber nicht ein einziger Tanz mit ihr war möglich.

„Mike" Bartels, der zwar beim Ball unbedingt dabei sein wollte, aber absolut kein Interesse an dem „Aggewars" mit „Blumen und Eltern" hatte, zog sich elegant aus der Affäre, in dem er schon zu Anfang und ganz freiwillig den wichtigen Posten des Diskjockeys übernommen hatte und ihn ausführte bis zum letzten Tanz. Der Spaß, den er dabei hatte, soll trotzdem nicht schlecht gewesen sein.

Doch als der Ball endgültig zu Ende gegangen war und die Tanzdamen wieder wohlbehalten abgeliefert worden waren, musste der Saal aufgeräumt werden, und das taten die Matrosen der 1. Inspektion dann noch bis 0330 Uhr.

Der Ball, der früh begonnen und spät geendet hatte, war anerkanntermaßen ein Erfolg, und unser Inspektionschef „Party-Pieper" war seinem Spitznamen wieder einmal in hohem Maße gerecht geworden.

Nun war es schon Anfang September, und eine für uns überraschende, aber aufmunternde Wendung im Verlauf des Lehrgangs in Bremerhaven stand an. Es war der eingeschobene Kursus der Schiffssicherung, der in der Schiffsicherungslehrgruppe, angesiedelt im Stützpunkt von Neustadt in Holstein, stattfinden sollte. Und dazu musste nun auch sogar die 1. Inspektion in zwei Hälften aufgeteilt werden.

Am Sonntagmorgen des sonnigen 4. September von 1966 marschierte diejenige Hälfte der Inspektion, der auch unsere Unterrichtsgruppe angehörte, geschlossen zum Bahnhof und bestieg den Zug. Einen Kurswagen, wie damals auf dem Weg von Glückstadt nach Bremerhaven, hatten wir nicht zur Verfügung, weshalb diverse Umsteigaktionen nicht zu vermeiden waren. Doch selbst im wuseligen Hauptbahnhof von Hamburg ging alles glatt, besonders auch deshalb, weil nur der BUKO, die spezielle Marinetasche, als Gepäck „am Mann" mitzuführen war.

Eigentlich war das bei allen so, nur eben nicht bei mir, denn ich hatte es mir erlaubt, mein großes, schweres Tonbandgerät mitzuschleppen. Niemand stieß sich daran, aber ich musste, als wir an diesem immer noch sonnigen Nachmittag vor dem Neustädter Bahnhof in Linie zu drei Gliedern anzutreten hatten, mich ganz am Ende einordnen und nach dem Befehl: „Rechts um! Im Gleichschritt marsch!" im letzten Glied marschieren. So aber bekam ich gut mit, wie sich der Lindwurm unserer Truppe in strammem Schritt über die Gleise der Hafenbahn bewegte, der Straße nach Osten folgte und danach, in einem langgezogenen Rechtsbogen, der auf einer minimalen Erhebung stehenden Kaserne zustrebte.

Da angekommen, wurden wir schnell und unkompliziert auf die Stuben verteilt. Wir räumten in die Spinde all das ein, was wir dabei hatten. Mein Tonbandgerät jedoch bekam den bevorzugten Platz am Fenster und sorgte fortan und unüberhörbar für die Verbesserung der Laune der Kameraden auf einer Stube, die Tages- und Schlafstube zugleich war.

Diese Beengtheit unserer Unterkunft trug sicher nicht zur Wohnlichkeit bei, aber der Lehrgang sollte ohnehin nur eine Woche dauern, und deshalb wurde auch die jetzt vorhandene Situation klaglos hingenommen. Klaglos ganz bestimmt auch deshalb, weil mein Tonbandgerät von der ersten bis zur letzten Minute in Neustadt laut und ununterbrochen die heißesten Songs spielte, die ich kurz zuvor in Hameln aufgenommen hatte. „High Quality" war das zwar nicht, was dem Lautsprecher entströmte, aber das störte absolut niemanden. Und wenn es uns mit dem „Beat" tatsächlich einmal zu viel wurde, da hatte ich sogar noch die „Unvollendete in h-Moll" von Schubert im Angebot. Auch davon wurde Gebrauch gemacht, aber die Hauptsache war, dass es bei allen „ordentlich im Ohr klingelte".

Ansonsten passierte nicht mehr viel an dem Abend dieses schönen Sonntags im September des Jahres 1966.

I: Neustadt und die Neustädter Bucht

„Mecklenburger Bucht" nennt sich das Seegebiet der Ostsee südlich der Linie „Fehmarn – Darßer Ort". Der südliche Teil davon, südlich der Linie „Dahmeshöved – Klützhöved", nennt sich dagegen „Lübecker Bucht". An deren Westseite, etwa auf halber Höhe, befindet sich die „Neustädter Bucht", an deren schmal auslaufendem Ende die Stadt Neustadt in Holstein liegt.
Von See kommend steuert man die Neustädter Bucht in nord- bis westlicher Richtung an, bis man deren inneren Teil erreicht, der sich ab hier verzweigt. Denn am Ende der Neustädter Bucht, schon dicht unter Land, ragt eine nach Süden-Osten spitz zulaufende Halbinsel in dieses Gewässer hinein, das so in eine westlich gelegene Wiek und in einen engen nördlichen Hafen-Arm aufgeteilt wird. Zwischen den beiden Wasserflächen befindet sich das Gelände des Marinestützpunkts und an beiden gibt es Liegeplätze der Marine.

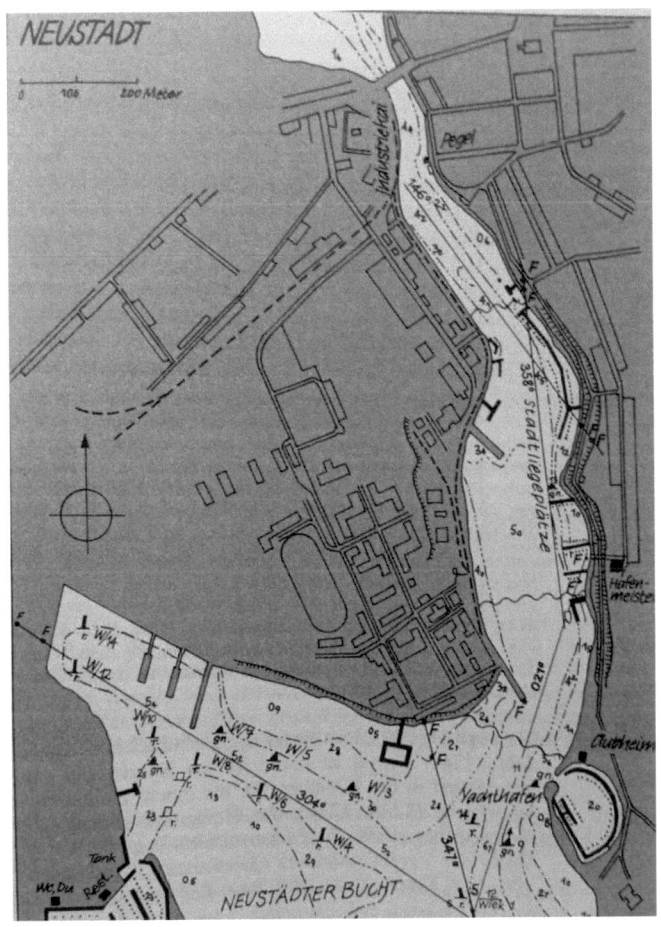

Bildmitte: die Anlagen der Schiffssicherungslehrgruppe und die Anlegebrücken des Marinestützpunkts Neustadt. Links die Wiek, rechts der Hafen-Arm von Neustadt, der sich im Norden, jenseits der Brücke, in das sogenannte „Neustädter Binnenwasser" fortsetzt.

Der Hafen-Arm hat an seinem Westufer im südlichen Bereich militärisch und behördlich genutzte Kais, an denen 1966 sogar ein komplettes Minensuchgeschwader stationiert war. Die anderen Anlegemöglichkeiten jedoch, nördlich davon sowie am Ostufer, waren und sind auch heute noch Hafenanlagen der Stadt Neustadt.

Einlaufend rechter Hand befinden sich somit die Altstadt und damit auch der größere Teil der Stadt Neustadt, linker Hand der Marinestützpunkt und nördlich davon die westliche Vorstadt. Dort befindet sich auch der Bahnhof als Endbahnhof der Bahnstrecke Lübeck-Neustadt.

Beide Teile der Stadt sind mit einer einzigen Brücke verbunden, denn der von Süden kommende Wasserarm setzt sich in nördlicher Richtung fort und endet in einem großen, flachen See, dem „Neustädter Binnenwasser". An der Brücke endet aufgrund der geringen lichten Höhe der Durchfahrt jeglicher Schiffsverkehr.
Die Anlegestellen an der „Wiek" wurden allerdings nur militärisch genutzt. Hier lagen unter anderem auch die ausrangierten Boote und Schiffe, auf denen die Übungen der Schiffssicherungslehrgruppe stattfanden.

Die von 15.000 Einwohnern bewohnte Stadt Neustadt in Holstein wurde bereits im Jahr 1244 gegründet, und zwar als „Neu-Stadt" für den nordwestlich davon, am heutigen Binnenwasser gelegenen Ort Altenkrempe, dessen Hafen wegen Verlandung aufgegeben werden musste. Schön und sehenswert ist die gotische Stadtkirche aus derselben Zeit, das „Heilig-Geist-Spital" und ein Kornspeicher von ganz besonderer Art aus dem Jahre 1830. :I

In Neustadt/Holstein, im westlichen Teil der Stadt, ganz in der Nähe des Hafens und nicht weit von der Kaserne entfernt. Im Hintergrund ein kriegszerstörter Silo.

Der alte Stadtkern von Neustadt, gesehen von der westlich des Hafens gelegenen Vorstadt aus. Im Zentrum die Stadtkirche von 1244, davor der „Pagodenspeicher" von 1830, einst zum Trocknen von Getreide erbaut. Im Jahr 1966 stand der Speicher leer und war nur noch ein Baudenkmal.

Postkarte Neustadt/Holstein, mittig das Kremper Tor

Arbeitsanzug: Stahlhelm, Lederpäckchen, Seestiefel
... in den Pausen: Schiffchen
Feuerbekämpfung mit Feuerlöschern

Die Ausbildung begann sofort und ohne Verzögerung am Montagmorgen. Der Lehrgang der Schiffssicherung war wohl ursprünglich für zwei Wochen geplant, war aber diesmal, vielleicht wegen des Urlaubs zu Anfang, auf fünfeinhalb Tage verkürzt. Da galt es, keine Minute zu verlieren.

Schon gleich nach dem Frühstück wurden die Stahlhelme und die Lederpäckchen ausgegeben, die zusammen mit den Seestiefeln mehrheitlich die Uniform der nächsten Tage sein sollten.

Nach einer kurzen Einweisung an allerlei Schlauch- und Spritzgerät ging es los. Wir versammelten uns auf einem großen Platz, auf dem ausrangierte Schaltschränke bereit standen. Mit großen Eimern wurden diese mit Benzin übergossen, dann flog ein brennendes Streichholz.

„Wuff" machte es, und die Flammen schossen hoch und breiteten sich rasend schnell aus. Und nun hieß es: „Wasser marsch!"

Das große C-Rohr wurde in Betrieb genommen, von allen Seiten wurde das Feuer bekämpft, bis es „aus" war. Danach das Ganze von vorne, denn jeder sollte einmal die Wucht des großen C-Rohrs erfahren.

Auch kleinere Feuer wurden bekämpft, nun aber mit den Feuerlöschern, die auf allen Schiffen der Bundesmarine im Gebrauch waren, aber von uns jetzt einmal „in vollem Drusch" erprobt wurden.

Wenig später spielte sich dasselbe, wenn auch in viel voluminöserer und dramatischerer Form in einem großen, stählernen Minensucher des 2. Weltkriegs ab, der sogar zu Anfang der Bundesmarine seinen Dienst als Fregatte geleistet hatte. Noch war das „F" am Rumpf zu erkennen.

Links oben: Gute Laune vor der Brandbekämpfung
Links unten: Müdigkeit nach der Brandbekämpfung.

Rechts: ... aber diesmal nicht ohne Zigarette!

Wir hatten uns tief unten im Schiff versammelt, ich stand direkt hinter dem Bootsmann am halb geöffneten Schott und sah, wie nun ein Benzin-Diesel-Gemisch durch das geöffnete Oberlicht in den düsteren, vor uns liegenden Maschinenraum geschüttet wurde. Auf Zuruf des Bootsmanns flog das brennende Streichholz hinterher, doch noch bevor die Explosion losbrach, war das Schott zu unser aller Sicherheit wieder geschlossen worden. Jedoch als es danach, wenige Sekunden später, erneut geöffnet wurde, da sahen wir vor uns ein wahres Höllenfeuer, das um die Kesselanlage und die Maschinen tobte. Dann, auf das Zeichen des Bootsmanns, stürmten wir mit dem C-Rohr den Flammen entgegen, voran die Leute mit dem Atem-Schutz-Gerät.

Und wieder hieß es „Wasser marsch!", bis auch der allerletzte Brandherd gelöscht war und endlich wieder die Düsternis herrschte, die auch zuvor im Maschinenraum geherrscht hatte.

Dasselbe wurde so lange wiederholt, bis auch der letzte in den Genuss gekommen war, den lodernden Flammen den Garaus gemacht zu haben, wobei der Rauchabzug durch den Schornstein immer gewährleistet war. Jedoch bei einem der Brände, der zu einem regelrechten Inferno ausgeartet war, mussten am Ende sogar die beiden bereitliegenden Feuerlöschboote herbei gerufen werden, um der Situation unter Deck Herr zu werden.

Es gab reichlich viel zu tun, und die Arbeit war heiß und gefährlich. Doch alle, die einmal in der frühen Jugend Feuerwehrmann hatten sein oder werden wollen, ohne dass es je Realität geworden war, konnten hier das bisher Versäumte in aller Intensität nachholen, wenn auch nur für einige Stunden!

Bei weiteren Events dieser feurigen Art kam immer wieder das schwere Atem-Schutz-Gerät zum Einsatz, das nur auf dem Rücken zu tragen war. Massive Schläuche führten die Atemluft von hinten nach vorn in die übergroße Gesichtsmaske, die die Träger, zusammen mit dem Stahlhelm, dem Lederpäckchen und den Seestiefeln, fast aussehen ließ wie Astronauten beim Ausflug im Weltraum.

Anprobieren des ABC-Schutzanzugs

Der ABC-Schutzanzug dient der Abwehr von atomaren, biologischen und chemischen Kampfmitteln. Dieser Anzug wird u. a. bei der Marine getragen während der Dekontamination von Schiffen, die zuvor eine radioaktiv,

Ausprobieren des ABC-Schutzanzugs

biologisch oder chemisch verseuchte Zone durchfahren hatten. Da der Schiffssicherungslehrgang in Neustadt nur fünfeinhalb Tage dauern sollte, wurde das Thema der ABC-Sicherheit im Schnelldurchgang abgehandelt.

Zwischen all diesen Events wurde immer einmal wieder Unterricht abgehalten, bei dem dann allerdings nur Takelpäckchen und Bordschuhe getragen wurden. Kein Wort der Ausbilder durfte in Vergessenheit geraten, denn die Tests zur Überprüfung des Gelernten waren immer und überall gegenwärtig.

Am Dienstagabend holte ich mir eine Tagesurlaubskarte und zog los, um mir einen Überblick über Neustadt zu verschaffen. Ich war zwar ein Jahr zuvor auf der Durchreise während einer Tramptour schon einmal in diesem netten kleinen Ort an der Ostsee gewesen, aber viel hatte ich damals nicht davon gesehen. Ich verließ die Kaserne, hielt mich danach rechts und stand plötzlich auf der Brücke zur Altstadt. Zur Linken bemerkte ich einen alten Kornspeicher, dessen pagodenähnliches Dach mir ein wenig „japanisch" vorkam, zur Rechten hatte ich den Blick frei über die ganze Länge des Hafens. Danach setzte ich meinen Weg fort bis zum Marktplatz der Altstadt und weiter bis zum Stadttor auf der Landseite, nahm irgendwo ein Bier und kehrte wieder zurück. In der Stadt hatte ich zwar einige Kameraden angetroffen, die ebenso wie ich in Uniform unterwegs gewesen waren, aber etwas Erwähnenswertes hatte sich nicht ergeben. Ein Samstag, an dem ich sicher mehr Leben in der Stadt angetroffen hätte, war es eben nicht. Und: Neustadt war eben auch nicht ... Bremerhaven.

Der Crew-Kamerad Eggert hatte bei seinem Landgang mehr Glück gehabt. Er war zufällig im „Hamburger Hof" gelandet, hier traf er auf die Besatzung von U-Hai, die den Abschied aus Neustadt feierte, denn am Tag darauf sollte die allererste Auslandsfahrt beginnen. So wie er erzählte, soll der Abend sehr interessant gewesen sein.

U-Hai (S170) und U-Hecht (S171)

Tags darauf, am Mittwoch dieser sonnenreichen Woche, wurden wir in den Gebrauch der Rettungsinseln, die auf allen Schiffen der Bundesmarine vorgehalten wurden, eingeführt. Recht nah am Ufer wurde uns der Unterricht erteilt, danach wurden Exemplare dieser Art durch das Ziehen an einem kurzen Tampen in Betrieb genommen. Sie bliesen sich auf, und wir lauschten den Erklärungen, die dazu abgegeben wurden. Selbst diese zu betreten und dabei näher in Augenschein zu nehmen, war uns erlaubt.

Unterricht an der Rettungsinsel

Blick durch die Einstiegsöffnung der Rettungsinsel von innen nach draußen.

In einer Pause an dem besagten Mittwoch schlenderte ich auf die Pier und konnte zu meinem Erstaunen die beiden einzigen aktiven U-Boote der Bundesmarine erkennen. Sie waren offensichtlich im Auslaufen begriffen, denn es wurden schon die Leinen losgeworfen. Langsam kam „U-Hai" in Fahrt, dann folgte in einem geringen Abstand „U-Hecht". Als die beiden Boote ziemlich nahe vor mir von rechts nach links passierten, winkte ich ihnen zu, und es wurde sogar zurück gewunken. Dann verließen die Boote den Marinehafen, drehten nach Steuerbord in das Fahrwasser ein und verließen Neustadt. Ich sah ihnen nach, bis sie außer Sicht kamen.

I: U-Hai und U-Hecht

U-Hai war ein „Küsten-U-Boot" des Typs XXXIII der Deutschen Kriegsmarine. Es wurde am 6.12.1944 auf Kiel gelegt und bereits am 2.3.1945 als U 2365 in Dienst gestellt. Wegen des bevorstehenden Endes des Krieges erfolgten jedoch keine Feindfahrten mehr. Auf dem Weg zum Einsatzort Christiansand in Norwegen, auf dem es mehrfach von englischen Fliegern angegriffen wurde, wurde es am 8.5.1945, am letzten Tag des Krieges, gemäß dem sogenannten „Regenbogenbefehl" nördlich der Insel Anholt von der Besatzung versenkt.
Da das Boot durch die Angriffe nur wenig beschädigt worden war und sich ansonsten in nagelneuem Zustand befand, ließ der Kommandant das U-Boot vorsichtig und waagerecht auf den Grund des hier 50 Meter tiefen Kattegats absinken. Verluste an Menschen gab es nicht.

Zuvor hatte der Kommandant die Öltanks öffnen lassen, in der Hoffnung, dass das austretende Öl einen gewissen Schutz gegen die Korrosion durch das Salzwasser bieten könnte.
Elf Jahre lag U 2365 auf dem Grunde des Meeres, dann wurde es gehoben. Da es noch überraschend gut intakt war, wurde es bei den Kieler Howaldtswerken wieder instandgesetzt und danach, nur gering verändert, an die neu gegründete Bundesmarine ausgeliefert.
Am 15. August 1957 wurde das U-Boot unter dem Namen „U-Hai" und mit der Nato-Bezeichnung S 170 in Dienst gestellt. Im September des Jahres 1966 war U-Hai bereits mehr als neun Jahre Teil der Bundesmarine.

U-Hecht war ein Schwesterschiff von U-Hai. Es wurde am 17.3.1944, also etwa zwei Wochen später als U-Hai, mit der Bezeichnung U 2367 in Dienst gestellt. Auf Grund der zu der Zeit bereits äußerst prekären Kriegslage kam es auch hier nicht mehr zu einer Feindfahrt.

Am 9. Mai 1945, am Tag nach dem Kriegsende, wurde es gemäß dem „Regenbogenbefehl" von der Besatzung vier Seemeilen südöstlich vom Leuchtturm Schleimünde versenkt.

Auch dieses U-Boot lag volle elf Jahre auf dem Grunde des Meeres, dann wurde es gehoben und ebenfalls in Kiel wieder instandgesetzt. Am 1.Oktober 1957 wurde U 2367 als „U-Hecht" mit der Nato-Bezeichnung S 171 in Dienst gestellt.

Mehr als zehn Jahre stand es danach der Bundesmarine zur Verfügung, erst am 30.9.1968 wurde es außer Dienst gestellt und im Folgejahr abgewrackt.

Beide Boote waren von der Größe her so klein, dass sie nicht unter die Siegerbestimmungen nach Beendigung des Krieges fielen. Darüber hinaus waren sie mit nur je zwei Torpedorohren so gering bewaffnet, dass sie als Kampf-U-Boote eher weniger geeignet waren.

Hauptsächlich wurden die beiden U-Boote bei den Sonarübungen der Flotte zur Unterwasserzieldarstellung eingesetzt.

Zuletzt waren die beiden, inzwischen durch Umbau auf fast 35 Meter verlängerten U-Boote der neu gegründeten „U-Boot-Lehrgruppe" in Neustadt/Holstein unterstellt.

.

Im Hafen von Neustadt/Holstein hatten somit die einzigen kampffähigen U-Boote der Bundesmarine ihren Liegeplatz.

Nur wenige Tage nach meinem Grußaustausch mit den beiden U-Booten U-Hai und U-Hecht, als wir bereits wieder in Bremerhaven zurück waren, ging die Nachricht um die Welt: U-Hai war auf dem Weg nach England in der Nordsee gesunken.

Beide Boote waren bei Überwasserfahrt 138 Seemeilen nordwestlich von Helgoland in einen Sturm geraten. Bei U-Hai kam es, wie man bald vermutete, dabei zu einem Wassereinbruch, der offensichtlich nicht beherrschbar war. Die meisten der 20 Besatzungsmitglieder konnten das sinkende Boot noch verlassen, 13 davon banden sich, schon im Wasser schwimmend, mit einem Tampen zusammen. So wurden sie später von einem englischen Fischtrawler aufgefunden und geborgen. Zwölf waren an Unterkühlung gestorben, nur der dreizehnte war noch am Leben. Es war der schwergewichtige Smut des Bootes, der Obermaat Silbernagel. Es war wohl sein Körperfett, das ihn am Leben erhalten hatte. Er war tatsächlich der einzige der Besatzung, der das Unglück überlebte. :I

Unterrichtspause in Neustadt

Am nachfolgenden Donnerstag kamen wir noch viel mehr mit Wasser in Berührung, als bisher beim Umgang mit dem C-Rohr bei der Feuerbekämpfung. Nun galt es nämlich, „Leckabwehr" zu betreiben. Also die kaltnasse Art der Schiffssicherung zur Abwehr des durch Lecks im Schiffsrumpf eindringenden Seewassers.

Dazu gingen wir an Bord zweier an der Pier liegenden Minenräumboote, die im Zweiten Weltkrieg und bei der Minenräumung in Nord- und Ostsee danach, aber auch zu Anfang der Bundeswehr noch im Dienst gewesen waren. Nun jedoch waren sie ausgemustert und fristeten ihr Schicksal als Verbrauchsmaterial für die Übungen der Schiffssicherungslehrgruppe zu Neustadt.

Diese Boote, ganz aus Holz gebaut, waren den Übungen entsprechend präpariert. Ihre Rümpfe waren mit Löchern versehen, die allerdings so zugestopft waren, dass kein Wasser eindringen konnte. Nun aber wurden die „Leck-Propfen" gezogen, sodass sich das Wasser der Neustädter Bucht in armdickem Strahl ins Innere der Boote ergoss. Und das nicht nur an einer einzigen Stelle.

Im Dunkeln und manchmal bis zum Bauch im Wasser stehend wurde nun gearbeitet, während das Boot immer tiefer sackte. Mit großen Hämmern wurden Pfropfen in die Leckstellen geschlagen, die anschließend mit starken Leckstützbalken, die von einer Bordwand bis zur anderen reichten, und mithilfe vieler Keile gesichert wurden. Auch Matratzen kamen zum Einsatz. War der Erfolg erkennbar, der Wassereinbruch gestoppt und das Leck gesichert, dann konnte gemeldet werden:

„Boot kann lenz gehalten werden!"

Neustadt, Blick von der Altstadt zum Marine-Stützpunkt

Neustadt, Stützpunkt und Einfahrt zum Handelshafen

Mit dieser Meldung war das Ziel der Übung erreicht, Pumpen wurden angeworfen, die die Boote wieder vom eingedrungenen Wasser befreiten. Aber auch dann, wenn das Ziel nicht erreicht worden war, wurden die Boote auf diese Weise vorm Absaufen bewahrt. Und das zu wissen, war doch recht beruhigend!
Eigentlich war es nur der Stahlhelm, der einigermaßen trocken geblieben war. Aber ansonsten waren wir mehr als quatschnass, und zwar von den Stiefeln bis zum Hals. Das Wasser war zwar kalt, aber die Arbeit hatte für eine gewisse Körperwärme gesorgt, dennoch sahen wir zu, dass wir in die Stube kamen, um uns umzuziehen in den Anzug „Takelpäckchen, Bordschuhe, Schiffchen".

Mit diesem drastischen und absolut lebensecht wirkenden Einsatz war die körperlich anstrengende Ausbildung am real existierenden Objekt abgeschlossen. Es folgten im Anschluss der Unterricht im Saal und danach noch die schriftlichen Tests zur Überprüfung des Gelernten.

Von der Seite der Ausbilder gab es keinen Grund, uns den Erfolg zu verwehren. Deshalb war ich ganz sicher, dass jeder von uns diesen Zwischen-Lehrgang bestehen würde. Selbst am Samstagmorgen wurden wir noch mit allerlei Dingen beschäftigt, bis uns endlich, aber da war es schon Mittag, die ersehnte Teilnahmebescheinigung ausgehändigt wurde, die uns nun Schwarz auf Weiß bestätigte, den Lehrgang der Schiffssicherung absolviert zu haben. In wie weit mit Erfolg, davon war im Text trotz aller Tests zwar nichts erwähnt, aber der wurde wohl als sicher angenommen.

Schön und interessant war es hier in Neustadt gewesen, aber besonders auffällig war es für uns, dass uns hier ein deutlich besseres Essen auf Tischen serviert worden war, auf denen sich sogar akkurat gebügelte Tischdecken von reinstem Weiß befanden. Das war neu für uns, denn solch einen, fast schon unverschämten Luxus hatten wir weder in Glückstadt noch in Bremerhaven bisher erlebt. Sogar vom Dosenbrot waren wir verschont geblieben!

Die Rückkehr nach Bremerhaven sollte eigentlich für alle wieder mit dem Zug stattfinden, und um unser Gepäck zu transportieren, war sogar eigens ein LKW bereitgestellt worden. Aber ich kam nicht in den Genuss dessen, denn inzwischen hatte ich mich mit dem Crew-Kameraden Kropp ins Benehmen gesetzt. Er war nämlich, statt mit dem Zug, mit dem Auto nach Neustadt gekommen und nun hatte er vor, erneut nach Hameln zu fahren, um dort die restlichen freien Stunden des Wochenendes zu verbringen und erst am Sonntagabend nach Bremerhaven zurückzufahren. Das passte auch mir sehr gut, da klinkte ich mich doch gleich einmal ein. Gegen BKB natürlich!

Am Sonntag, dem 11. September, waren wir spät abends zurück in Bremerhaven. Am nächsten Morgen fehlte einer von unserer Stube, Ehlers war nicht da! Er war auch am Dienstagmorgen nicht da, und wir machten uns schon Gedanken, ob etwas passiert sein könnte. Die „unerlaubte Abwesenheit von der Truppe" konnte ich mir, trotz der nachlassenden Disziplin in der 1. Inspektion, bei Ehlers überhaupt nicht vorstellen.

Am Mittwoch traf eine Nachricht bei uns ein, die ein Schock für alle auf unserer Stube war, vielleicht auch in der gesamten „UG1": Ehlers war am Sonntagabend im Wagen des Crew-Kameraden Kossmann in Richtung Bremerhaven unterwegs gewesen, als es bei Celle zu einem schweren Unfall kam, bei dem Ehlers ganz erhebliche Verletzungen erlitt. Er war zwar umgehend ins Krankenhaus der Stadt Celle eingeliefert worden, doch so, wie sich die Nachricht anhörte, war leider nicht damit zu rechnen, dass er das Krankenhaus schon bald wieder verlassen könnte.

Wenig später wurde uns mitgeteilt, dass Ehlers sogar so schwer verletzt worden war, dass es kritisch um ihn stand.

Ein Crew-Kamerad unserer Stube hatte die Möglichkeit, ihn an einem der nachfolgenden Wochenenden im Celler Krankenhaus zu besuchen. Doch als er das Zimmer betrat und Ehlers da liegen sah mit einer stählernen Apparatur namens „Crutchfield-Zange" am Kopf, die an beiden Seiten fest im Knochen eingeschraubt war, und mit all den Vorrichtungen, mit der diese verbunden war, fiel er sofort in Ohnmacht. Erst als er wieder zu sich gekommen war, konnte der Kontakt aufgenommen werden.

Wie er nun erfuhr, hatte sich Ehlers den filigran gebauten zentralen Dornfortsatz des 2. Halswirbels gebrochen, der für alle Drehbewegungen des Kopfs von entscheidender Bedeutung ist. Dazu waren dessen Bruchstücke leider so verschoben, dass die Fixierung des Kopfes und die Streckung des Halses durch diese martialische Zange, die zudem von einem Drahtseil, welches über die Rolle eines Galgens lief, und einem dort angehängten Schwergewicht auf Zug und Position gehalten wurde, notwendiger Teil der Behandlung sein musste. Auf diese drastische Weise in einer halbaufrechten Lage immobilisiert, bot Ehlers in der Tat ein absolut schauriges Bild.

Ehlers überlebte die Verletzung sowie auch die viele Wochen andauernde Behandlung, sogar ohne bleibende Schäden davon zu tragen. Dennoch wurde er untauglich geschrieben, sodass er aus der Offiziersanwärterlaufbahn der Crew IV/66 ausscheiden musste.

Mir persönlich tat das sehr leid, denn ich hatte ihn als hilfsbereiten und sehr sympathischen Kameraden erlebt, mit dem ich mich dazu auch freundschaftlich verbunden fühlte. Sehr schade, denn wäre er nicht so frühzeitig ausgeschieden, so hätte er meinen Weg in der Marine, auf Grund der Nähe der Anfangsbuchstaben auf der Liste unserer Nachnamen, noch sehr viel länger begleitet, und das wäre mir sehr recht gewesen. Dieses Schicksal, das so plötzlich und ohne sein Zutun über ihn gekommen war, hatte er wirklich nicht verdient.

Aber als er nach vielen Wochen der Behandlung endlich wieder dienstfähig geworden war, wenn auch nur mit starker Einschränkung, kam er zurück zur TMS II nach Bremerhaven, doch da war ich längst weit weg und mit der GORCH FOCK auf hoher See.

Ehlers hatte danach noch für einige Monate ein recht geruhsames Leben in einer abgelegenen Dachstube in der Kaserne der TMS II in Bremerhaven, doch als sich ihm die Möglichkeit bot, bereits Monate vor Beendigung seiner 18-monatigen Wehrpflicht aus der Bundesmarine auszuscheiden, schied er aus und begann ein Jura-Studium.

Ich sollte ihn erst 50 Jahre später wiedersehen.

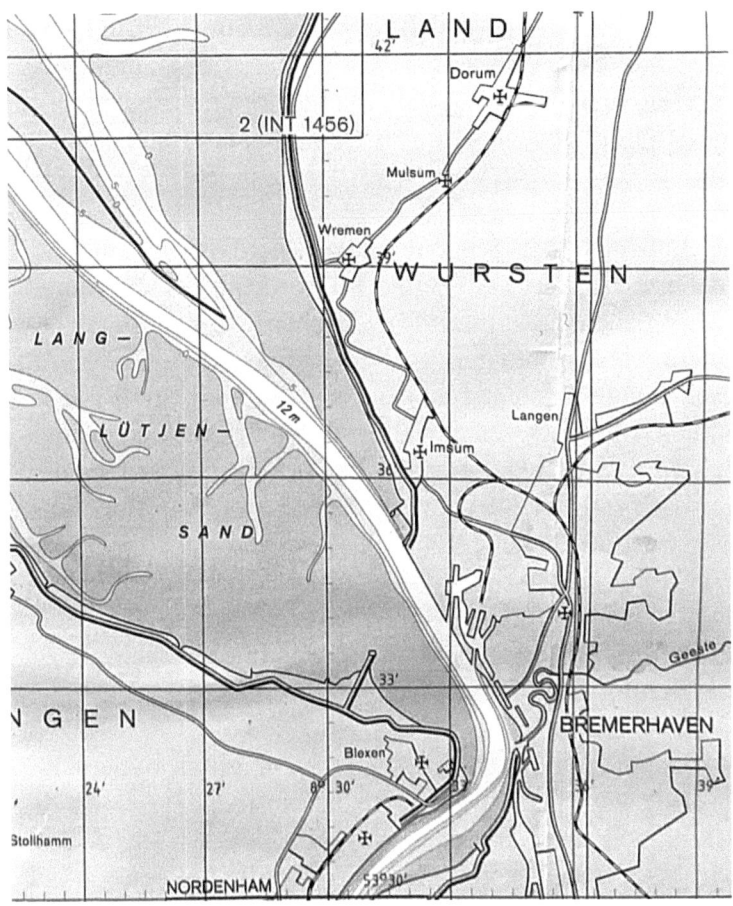

Bremerhaven, gelegen auf dem Ost-Ufer der Unterweser, kurz bevor diese in die Nordsee einmündet. Die Häfen im Norden und Süden sind begünstigt durch die nahe an der Stadt vorbeiführende Fahrrinne. Bremerhaven war und ist auch heute noch eine wichtige Hafenstadt Deutschlands.

111

Der Dienst auf der Schulbank und in den Werkstätten am Nachmittag schleppte sich dem Ende entgegen. Obwohl oder weil es in Bremerhaven nicht so streng zuging wie vor Monaten in Glückstadt, wurde immer wieder „über die Stränge" geschlagen, was Disziplinarstrafen nach sich zog.

So ließ sich der Stubenkamerad Hanfeld, als ihm als „disziplinarische Maßnahme im vordisziplinaren Raum" die Wochenendheimfahrt gestrichen worden war, von einem Crewkameraden im Kofferraum durch die Wache nach draußen schmuggeln und am Sonntag auch wieder zurück, ohne dass es auffällig wurde. Wäre er allerdings dabei erwischt worden, wäre es auch für ihn wohl „aus" gewesen mit der Offiziersanwärter-Laufbahn. Manchmal mag es aber auch gewünscht gewesen sein, auf diese Weise aus dem „Vier-Jahres-Vertrag" der Verpflichtung auszuscheiden. Aber das hätte man in der Tat auch anders bewerkstelligen können, denn die Möglichkeit zur Kündigung stand auch jetzt noch offen.

Manchmal genügte aber auch schon ein sonntäglicher Ausflug zum Strand der Nordsee bei Cuxhaven, um die Motivation zum Bestehen des Lehrgangs hochzuhalten oder wiederherzustellen. Da schauten die Badegäste doch gerne einmal hin, und sogar die jungen Damen zeigten ein besonderes Interesse an den „Blauen Jungs aus Bremerhaven".

113

Der Inspektionschef Pieper mühte sich redlich, die Leute „bei der Stange" zu halten. Aber auch er hatte wohl nicht die Autorität der Offiziere in Glückstadt. Oft sah man ihn in Lederjacke auf dem Gelände der Kaserne, noch öfter aber auch mit schweren Lederhandschuhen und einer schmutzigen Pumpe oder anderem verölten Gerät in der Hand. Man sah ihm an, dass er aus der Schiffstechnik kam oder zu dieser einen besonderen Draht hatte. Ein intensives Interesse schien er auch an der Damenwelt zu haben. Nicht nur, dass er sich darum kümmerte, dass Kontakte zwischen seinen Matrosen und den Mädels der Stadt hergestellt wurden, wie zum Beispiel bei dem von ihm initiierten „Ball", der bisher bei jedem Lehrgang stattgefunden hatte, und dem bereits annoncierten Abschlussfest, das auch diesmal wieder stattfinden sollte. Aber ebenso galt sein Interesse seinen Vorzimmerdamen, die auffällig oft in seinem recht behaglich eingerichteten Dienstzimmer beim Kaffeetrinken anzutreffen waren.

Ja, Korvettenkapitän Pieper, wegen seiner Vorliebe zur Damenwelt in weiten Kreisen der Marine auch unter der Bezeichnung „Party-Pieper" bekannt, machte es sich nicht sehr leicht mit seinen Offiziersanwärtern von der Crew IV/66, die zuvor in Glückstadt hart angefasst worden waren und nun die Freiheiten, die ihnen in Bremerhaven geboten wurden, ganz offensichtlich nicht in dem Maße zu schätzen wussten, wie sie diese hätten schätzen sollen.

Dennoch, die Kameraden der Crew IV/66 konnten sich wahrlich nicht über ihren Chef beschweren, und manche Ermahnung, die er aussprach, musste eben auch einmal ausgesprochen werden. Und es war auch nicht seine Schuld, wenn uns der Lehrgang lang und länger wurde, denn weder morgens auf der Schulbank noch nachmittags in den Werkstätten war von dem Schwung des Anfangs viel übrig geblieben. Zwar musste auf der Stube jetzt gelernt und geübt werden, um noch einen ordentlichen Endspurt auf dem Weg zum Bestehen des Lehrgangs hinzulegen, doch da musste ich nun durch, auch wenn ich sogar viel lieber am Schraubstock gestanden hätte, um im Schweiße des Angesichts und bar jedes tieferen Sinns am U-Eisen zu feilen. Denn so, wie es war, da gab es nur Ermüdung und Langeweile. Und was die Verpflegung anbetraf, da musste ich feststellen, dass ich vorläufig von „EPA" und Dosenbrot genug hatte.

Ich kann zwar nur für mich sprechen, aber auch ich sehnte das Ende des Lehrgangs herbei.

Unvermeidbare Abendarbeit auf der Stube

115

Das Essen, das uns in Bremerhaven vorgesetzt wurde, erschien mir deutlich schlechter als in Glückstadt. Aber vielleicht hatten wir dort nur einen viel größeren Hunger gehabt, der uns das Essen besser schmecken ließ.

Sehr wenig überzeugend empfand ich den Pichelsteiner Eintopf, der zwar recht bunt aussah, meist aber nur dünn und fade war. Selbst das darin mitgekochte Würstchen sah leckerer aus, als es dann schmeckte, denn es war an Geschmacksintensität kaum zu unterbieten.

Nur ganz wenig mundete mir das Essen am Freitag. Entweder versuchten sich die Smuts der Kaserne dann am Fisch, der oft so wenig gelungen war, so dass ich ihm meist aus dem Wege ging, oder es gab Salzkartoffeln, zwei hartgekochte Eier und Spinat. Ein richtiger Fan von Kartoffeln in dieser Form wurde ich nie, der Spinat changierte häufig von giftgrün zu oliv, in Einzelfällen auch zu einem wenig ansehnlichen Braun-Oliv. Welche Farbe es auch jedes Mal war, der Geschmack war nicht der, der mir zusagte. Und die hartgekochten Eier, die uns geliefert wurden, waren so hart, dass man sie in Einzelfällen auch als Waffe hätte gebrauchen können. Dazu waren die Köche der Kaserne wohl der Ansicht, es genüge, einmal mit bösem Blick in den Topf zu schauen, um die Eier abzuschrecken und deshalb den Arbeitsgang des Abschreckens mit Kaltwasser auslassen zu können. Die Leidtragenden davon waren wir, denn die Eier aus der Schale zu pellen, was üblicherweise problemlos zu machen ist, war hier gänzlich unmöglich. Trotz größter Bemühungen und Fingerfertigkeit blieb fast die Hälfte vom Ei an der Schale kleben, und am Ende gelangten dennoch Teile der Eierschale in den Mund. Und das begünstigte das Geschmackserlebnis keineswegs.

Das Sättigungsdefizit, das der Pichelsteiner Eintopf, der meist am Montag ausgegeben wurde, bei mir hinterließ, konnte beim abendlichen Landgang allerdings ganz gut mit einem halben Grillhähnchen aus dem Spezial-Restaurant „Wienerwald" kompensiert werden. Und wenn das nicht möglich war, dann gab es noch die kostenpflichtige Gelegenheit, in der Kantine, eine ganz ordentliche Frikadelle zu erwerben, die zumindest mit dem sehr scharfen Senf, der dazu gereicht wurde, besser schmeckte, als sie aussah. Doch am Freitag war es bei mir so, dass ich, wenn ich mich nur sehr zurückhaltend am Mittagessen beteiligt hatte, immer noch damit rechnen konnte, in Hameln bei den Großeltern am Abend mit einer deftigen Brotzeit versorgt zu werden.

Trotz allem kam ich mit den speziellen kulinarischen Herausforderungen in Bremerhaven ganz gut zurecht, man muss sich eben nur zu helfen wissen. Und das gelang mir, wie und wo auch immer!

Klar zum Landgang!

Ich war zur Marine gegangen, um zur See zu fahren. Das hieß aber für mich nicht, in einer schlecht beleuchteten Werkstatthalle zu versauern. An Maschinen, welcher Art auch immer, hatte ich da bestimmt nicht gedacht. Da schwebte mir eher vor, in frischer Luft auf der Brücke eines Schiffes zu stehen, Wind und Wellen zu erleben und den Kurs auf einen Horizont zu nehmen, über dem gerade die Sonne im Meer versinkt. Ähnlich so, wie einst bei John Wayne, nur dass dieser ständig auf dem Pferd saß, um über die endlose Prärie in den Sonnenuntergang zu reiten. Aber dass es für mich später tatsächlich doch so kommen würde, wie ich es mir in jungen Jahren ausgemalt hatte, das wusste ich zu diesem Zeitpunkt noch nicht. Doch das ist eine ganz andere Geschichte...

Aber daran war in den einschläfernd gering erleuchteten Hallen nicht zu denken. Immer wieder umstanden wir die großen Dieselmotoren und lauschten, mehr oder weniger interessiert, den Ausführungen der Ausbilder. Die oft einzige Bewegung war die, die wir hatten, als wir am Ende des Tages die Werkstatt ausfegten. Ja, das war eine Bewegung, aber ganz sicher nicht eine, die uns Spaß und Freude bringen konnte. Das einzig Gute dabei war, dass nach dem Befehl „Dienst- und Arbeitsstellen aufklaren!" nur noch der Feierabend kommen konnte.

So gingen die letzten Tage dahin, da überkam uns ein Befehl, den wir nie erwartet hätten. Immerhin hatten wir schon seit einiger Zeit im vormittäglichen Unterricht Schiffskunde erlebt, und um diese durch eine praktische Anschauung zu intensivieren, waren wir nun angehalten, an einem schönen frühen Nachmittag am Ufer der Geeste in gelockerter Form in Wartestellung zu gehen.

Zumindest ich, aber auch viele andere hatten in den Rauchpausen den Fortschritt beim Bau eines Trawlers auf der Werft gegenüber mit Interesse verfolgt. Nun war das Schiff soweit fertig geworden, und der Stapellauf stand bevor.

Für mich auf jeden Fall eine höchst spannende Sache, und um wirklich nichts zu verpassen, krabbelte ich sogar auf die Steine der Ufereinfassung.

Da drüben auf der Werft tat sich nun wirklich etwas. Der Trawler war zwar noch nicht ganz fertig, Türen, Fenster und Bulleyes an Rumpf und Aufbauten waren noch nicht eingesetzt, aber die leicht grünliche Rumpffarbe war schon aufgetragen und die gab dem Schiff, das parallel zum Ufer und quer zu den Schienen der Helling aufgepallt war, ein recht gefälliges Aussehen.

Inzwischen waren die Werftleute versammelt, ebenso die festlich gekleideten Damen und die honorigen Herren im schwarzen Anzug. Reden wurden geschwungen, dann krachte die Champagnerflasche an den Vorsteven und zerschellte. Die Taufe war vollzogen, und nun sollte der Stapellauf erfolgen. Typhone aller in der Nähe liegenden Schiffe ertönten in trauter Einigkeit, dann waren die „Werftgrandies" gefordert. Mit großen Hämmern wurden die Keile losgeschlagen, Seile und Ketten wurden gelöst, und dann setzte sich – nach einer kurzen bangen Pause des Verweilens – der Trawler in Bewegung. Zuerst nur langsam, dann immer schneller.

Heftig spritzte das Wasser auf, mächtige Wellen wurden erzeugt, als der Trawler in sein Element eintauchte. Doch etwas stimmte nicht, denn das Schiff hatte schon im Moment der Einwasserung ziemlich stark gekrängt und verharrte auch jetzt, als es die Mitte der Geeste erreicht hatte, immer noch in dieser auffälligen Schräglage.

Ein Augenblick verstrich, doch anstatt sich aufzurichten, neigte sich das Schiff weiter zur Seite, um danach, zum Entsetzen der Betrachter auf Seiten der Werft, langsam zu versinken. Als der Vorgang aufgrund der begrenzten Wassertiefe der Geeste zum Stillstand kam, war von dem Schiff nur noch wenig zu sehen.

Bei uns aber, den nicht näher involvierten Betrachtern auf der der Werft gegenüberliegenden Seite, löste dieser Vorfall auf der Stelle eine unbändige Freude aus. Es war sicher nicht unbedingt eine Art der Schadenfreude, aber allein schon die Tatsache, dass ein so nobel und höchst würdevoll begonnener Akt so jämmerlich und erbärmlich endete, konnte uns, trotz aller Betrübnis am jenseitigen Ufer, nur nachhaltig amüsieren. Was für ein Ereignis!

Doch Hochmut kommt vor dem Fall! Die Wellen, die das Schiff beim Eintauchen in das Wasser erzeugt hatten, breiteten sich aus, erreichten auch uns, und ich, der sich ganz besonders weit vorgewagt hatte, stand plötzlich bis zu den Knien im Wasser!

Doch ein wirkliches Unglück war das nicht für mich. Auch wenn es noch einige Zeit dauern sollte, bis ich mich umziehen konnte, so war doch für mich der Tag gerettet. Diesmal also kein ödes Werkstattdasein im Halbdunkel, sondern ein Event, das mich über die Maßen belebte.

Am nächsten Tag, als wir uns wieder zur Zeit der Ebbe auf dem Geeste-Deich lümmelten, erkannten wir das ganze Ausmaß des so kläglich geendeten Stapellaufs. Das Schiff lag längs im Fluss, auf der Backbordseite, und blockierte das Fahrwasser.

Doch was war eigentlich genau passiert?

121

Offensichtlich waren Ventile nicht geschlossen worden, die hätten geschlossen sein sollen, denn von einem Leck konnte man bei einem Neubau wohl eher nicht ausgehen. Möglicherweise war aber Wasser aufgrund der starken Krängung durch die noch nicht fertiggestellten Bulleyes und Fensterausnehmungen eingedrungen, und das hatte dann zu der gravierenden Gewichtsverlagerung geführt, die dem aufrichtenden Moment entgegenstand. Doch es war müßig, darüber zu spekulieren, das Schiff musste gehoben werden und das geschah auch wenige Tage später durch mehrere große Schwimmkräne.

Aber auch das war dann wieder ein lohnender Hingucker für gelangweilte Lehrgangsteilnehmer wie mich.

Am Tag vor der Ausgabe des Zeugnisses, das über Wohl und Wehe entscheiden sollte, sollte auf Betreiben unseres Inspektionschefs der Abschied aus Bremerhaven mit einem Tanztee gefeiert werden, also wieder mit Damen, aber ganz selbstverständlich in Ehre und Anstand sowie mit „Eltern und Blumenstrauß". Dazu hatte der I-Chef, Korvettenkapitän Pieper, sogar Einladungskarten auf noblem Büttenpapier drucken lassen. Die Absicht, ganz nebenbei gesellschaftlichen Schliff zu vermitteln, war nicht zu übersehen.

Die Offiziersanwärter
der T M S II, I./Insp.
geben sich die Ehre, Sie

zu ihrem ABSCHIEDS-ABEND, am Dienstag,

den 27. Sept. 1966, 1900 Uhr, im „Top · 5 · Club", Wienerstraße,

hiermit einzuladen.

Diesmal fand das Tanzvergnügen zwar im TOP-5-Club statt, jedoch den zeitlichen Umständen entsprechend an einem Dienstagabend. Zumeist waren Crew-Kameraden dort dabei, die bereits bei dem Ball im August erste zarte Bande geknüpft hatten und diese trotz des nahen Abschieds aus Bremerhaven noch zu intensivieren gedachten. Doch ob es tatsächlich dazu kam, das sei dahingestellt, denn die Veranstaltung, die an sich sehr gelungen war, endete abrupt und vorzeitig durch einen unerwarteten NATO-Alarm.

Dennoch, da hatte sich Korvettenkapitän Pieper also wieder einmal voll ins Zeug gelegt, um die „Herren Offiziersanwärter" an die Dame zu bringen. Wie in der Marine gemunkelt wurde, hatte er sogar gelegentlich mit dieser Methode Erfolg, denn so manche Ehe soll auf diesem Weg zustande gekommen sein!

Dass ich den Lehrgang bestanden hatte, war mir klar, wenn auch höchstwahrscheinlich nur als „Held vom Mittelfeld". Aber auch das wäre ein Grund gewesen, am Tanztee teilzunehmen. Doch ich nahm nicht teil, denn ich hatte schon am Ball nicht teilgenommen, da sah ich nun keinen Sinn darin, jetzt in den letzten Stunden unseres Aufenthalts in Bremerhaven noch „Stress zu haben". Und im Top-5-Club war ich nun wirklich oft genug gewesen.

Am Ende war es tatsächlich so: „Lehrgangsteilnehmer des Monats" war ich nicht geworden, weder in diesem, noch in den beiden anderen Monaten. Das Zeugnis, das ich am 28. September erhielt, war nicht gut, was ohnehin nie vorkam, leider auch nicht befriedigend, denn da fehlten ganze drei Punkte, aber dennoch war es sehr solide. Dazu wurde mir allerdings bestätigt, dass meine Englisch-Kenntnisse einer Leistungsstufe gemäß VMBI, 1962, Seite 264 entsprechen. Was immer das auch heißen mochte, mir war es recht.

Das sorgfältig bis zum Ende ausgearbeitete Berichtsheft wurde abgegeben, dagegen erhielten wir ein Schreiben in DIN A 4, in dem uns bestätigt wurde, 135 Stunden in der Werkstatt am Schraubstock, beim Elektro-Kabeldrehen und bei so manchen anderen Aktivitäten verbracht zu haben, und zwar mit Erfolg.
Dazu gab es auf einem weiteren Schreiben den Hinweis, dass, sollten wir jemals eine technische Ausbildung anstreben, der oben angeführte Nachweis in Verbindung mit dem Abschlusszeugnis der TMS II als sechswöchiges Betriebspraktikum Anerkennung finden würde. Da ich das für mich ausschließen konnte, wäre es mir sehr viel lieber gewesen, das Berichtsheft zu behalten.

Am letzten Tag des Dienstes in Bremerhaven wurden alle, die bestanden hatten, auf dem Musterungsplatz zum „Gefreiten OA" befördert. Endlich hatten wir also etwas mehr Gold auf dem Ärmel der blauen Matrosenuniform und der schon vorhandene, aber ebenso goldfarbene OA-Stern war nun nicht mehr ganz so einsam.

Die für das Weißzeug vorgesehenen blauen Gefreiten-Balken mussten wir, zumindest an den Blusen der Takelpäckchen, selber annähen. Aber das tut man ja gern, wenn man von der Besoldungsgruppe A1 in die Besoldungsgruppe A2 aufsteigt, und damit also von der alleruntersten Stufe zur zweituntersten. Und finanziell gesehen, brachte uns das immerhin volle 15 D-Mark pro Kopf und Monat. Wenn das nichts ist!

Der Lehrgang der technischen Grundausbildung war damit für mich beendet. Das Wetter war gut gewesen, die Stadt Bremerhaven hatte mir nicht nur sehr gut gefallen, sondern sie war auch eine Erfahrung gewesen, auf die ich nicht verzichten mochte. Vom Essen will ich eher nicht reden, und wenn, dann nur so viel, als dass ich fortan vom Dosenbrot ganz überwiegend verschont blieb. Sogar die Langeweile, die mich hin und wieder überkommen hatte, war bald vergessen. Allerdings der Höhepunkt des gesamten Lehrgangs waren für mich die Aktionen in der Schiffssicherungslehrgruppe in Neustadt gewesen.

So konnte ich beruhigt mit dem Crewkameraden Kropp den Weg nach Hameln nehmen, um dann von dort mit dem Zug nach Kiel zu fahren. Denn dort, an der Blücherbrücke zu Kiel, wartete das bundesweit bekannte und berühmte Segelschulschiff GORCH FOCK auf mich.

Selbstverständlich nicht nur auf mich, sondern auf alle, die in Bremerhaven den Lehrgang erfolgreich hinter sich gebracht hatten und weiterhin die Laufbahn des ZOAs verfolgten. Das Tonbandgerät hatte ich dann aber nicht mehr dabei, denn so wie ich gehört hatte, sollte es dort an Bord nur sehr wenig Platz in einem sehr kleinen Spind geben, und ein Tonbandgerät von dieser Größe war da überhaupt nicht vorgesehen.

TMS ade!

P.S.: Was hat mir der Lehrgang gebracht?

Nun, wohl mehr, als ich damals dachte. Da hatte ich also ganz sicher viel besser aufgepasst, als ich damals den Eindruck davon hatte. Zum Schmieden und Schweißen bin ich zwar nie wieder gekommen, ebenso bin ich nie in die Situation geraten, das in Neustadt Erlernte in Realität anwenden zu müssen, weder in Sachen FEUER noch in Sachen LECKS oder DOSENBROT. Doch ganz anders verhält es sich in Sachen Elektrizität und Motorenkunde. Immerhin reicht das damals in Bremerhaven Erlernte für die normalen Anforderungen der Haus-Elektrik, und bei der Wartung des Motors meines Segelboots ist es immerhin soweit vorteilhaft, „dass ich da mitreden kann", wenn Profis am Werke sind. Selbst die Arbeit am Schraubstock war nicht ganz umsonst, denn auch in diesem Bereich hat es gelegentlich zu guten Einfällen und Lösungen gereicht.

Und als mir am Ende Hentschel gestand, dass er mir das Tonbandgerät viel zu teuer verkauft hatte, da gab er mir auch gleich die Maxime des erfolgreichen Händlers mit auf den Weg: „Jeden Morgen steht ein Dummer auf, man muss ihn nur finden!" Und dies zu wissen, das war auf meinem Lebensweg fürderhin stets von allergrößter Wichtigkeit, wobei es aber nicht unerheblich ist, ob man der ist, der „aufsteht", oder der ist, der „findet".

Was jedoch die Schiffssicherung angeht, so bin ich „am Ball", wie es jeder Eigner eines Bootes sein muss. Im Mittelpunkt steht jetzt aber, über 50 Jahre später, eher eine „Schiff-Sicherung". Doch diese unter Kontrolle zu halten, ist nun Sache der Urologen.

Döntjes:

Beim Englisch-Unterricht, der in einer abseits gelegenen Holz-Baracke stattfand, war der, genau so wie ich, zur „Unterrichtsgruppe 1" gehörende Kolbmann tief und fest eingeschlafen. Der zivile Lehrer ließ, als ihm das auffiel, den Saal still und leise räumen. Als dann alle Kameraden draußen an den Fenstern standen und hineinsahen, um alles genau mitzukriegen, ließ der Lehrer die Eingangstür donnernd ins Schloss fallen. Kolbmann fuhr aus seinem Tiefschlaf hoch und registrierte die Leere um sich herum mit ungläubigem Gesichtsausdruck. Wir, die wir dessen Reaktion von draußen genau verfolgten, brachen in ein schallendes Gelächter aus, das den Kameraden umgehend wieder ins irdische Dasein zurückholte.

*

Der Crew-Kamerad Malfeld führte eines Tages uns Lehrgangsteilnehmer von den Werkstätten wie üblich in Marschordnung zurück in Richtung Musterungsplatz und ließ dabei mit dem Befehl „Rührt Euch, ein Lied" ein Marschlied erklingen.
So weit, so gut. Doch es war keines der üblichen Lieder, die nun lauthals gesungen wurden, sondern der Song der „Beatles" – Yellow Submarine. Dafür durfte sich Malfeld dann gleich anschließend einen Rüffel beim I-Chef abholen.

*

Eines schönen Nachmittags erschien der oberste Chef jeglicher Ausbildung und Erziehung in der gesamten Marine auf dem Gelände der Technischen Marineschule. Es war der

Flottillenadmiral Dr. Flachsenberg.

In Ausübung seines Dienstes wollte sich der Admiral ein Bild davon machen, wie es denn so um den Stand der marinetechnischen Aus- und Weiterbbildung „seiner" Offiziersanwärter bestellt sei.

An dem Tag des hohen Besuchs waren die Kameraden der 1. Inspektion nun gerade auf dem Rückmarsch von den Werkstatthallen, wie immer im Anzug: Blaumann, Schiffchen, Seestiefel.
Und genau in diesem Anzug stand deshalb Hochgräfe, voller Achtung und inniger Ehrfurcht, vor dem Admiral, um auch jede noch so ausgefallene Frage zu beantworten.
Doch die Frage, die kam, verwirrte ihn mehr, als es ihm lieb war:
„Warum ist denn auf den Ärmeln Ihres Blaumanns der „goldene Stern" des Offiziersanwärters nicht aufgenäht?"

Es war für den Kameraden Hochgräfe in der Tat eine Frage, auf die er nicht so recht eine Antwort wusste. Ihm war jedenfalls klar, dass der „Blaumann" keine Uniform war, sondern nur ein Overall zum Schutz vor Öl und Schmutz einer Werkstatt. Ein Ganzkörperschutz also, der dienstlich verunreinigt werden durfte, um danach zum Waschen abgegeben zu werden.

Das war dem Admiral wohl nicht bekannt, und dennoch schien er mit der Antwort, die auf diesen Umstand hinwies, nicht ganz zufrieden gewesen zu sein..

*

Mehr als 50 Jahre nach der Kasernenwache „beichtete" mir Ehlers ein Wachvergehen, das er und sein Doppel-Posten-Partner sich bei der nächtlichen Runde um die Kaserne erlaubt hatten. Während die Torwache vorne eisern den Dienst vollzog, bemerkten die beiden durch die Nacht patrouillierenden Matrosen an der Mauer zur Elbestraße zwei Haken, die dort eingelassen waren. Und spätestens dann, wenn der Mensch beim Militär ist, wird er findig.
In diesem Fall wurden die beiden Haken dazu benutzt, den Gewehrriemen des umgehängten Gewehrs um den Haken zu legen. So konnte man sich eine kleine Pause gönnen, ohne dass man in die Gefahr geriet, beim Einschlafen umzufallen.

*

„Mike" Bartels berichtete mir von einem ganz speziellen Erlebnis im „Top-5-Club". Nachdem er und drei weitere Matrosen schon eine Weile am Tresen gezecht hatten und die Quarters langsam zur Neige gingen, wurden sie auf einen zivil gekleideten Amerikaner aufmerksam, der im Vorraum bereits seit einer ganzen Weile an einem der „Einarmigen Banditen" sein Glück versuchte. Er hatte schon reichlich viel Geld eingeworfen, sodass er sicher sein konnte, dass der „Jack Pot" nun jeden Augenblick eintreten müsste.

Doch bevor das Ereignis eintrat, überfiel den Amerikaner ein menschliches Rühren, das nur auf der Toilette zu regulieren war. Mit anderen Worten: der Amerikaner ließ den „Daddel-Automaten" im Stich und verschwand für einen Moment, der nicht sehr lang sein konnte.

Da „schlugen" die Matrosen zu! Umgehend besetzten sie den Apparat, warfen die letzten Quarters ein, die sie noch hatten. Und tatsächlich: die Lichter leuchteten auf, dann rasselten die Viertel-Dollar-Münzen nur so aus dem Gerät heraus. Der „Jack Pot" war da!
Rasch steckten sie das legal, aber nicht ganz unclever gewonnene Geld ein und verzogen sich wieder an den Tresen. Der Barkeeper, der diesen Vorgang mit Interesse verfolgt hatte, konnte sich das Grinsen nicht verkneifen, wusste er doch, dass das soeben gewonnene Geld bald wieder für Drinks bei ihm über den Tresen wandern würde.
Der Amerikaner jedoch musste noch sehr lange an dem „Einarmigen Banditen" spielen, bis er in den Genuss eines „Jack Pots" kam.

*

So begeistert, wie mir der Crew-Kamerad Moebes vom Chor der „Blauen Jungs von Bremerhaven" berichtete, da musste ich mir doch eingestehen, dass mein kurzfristiger Austritt wohl doch nur die zweitbeste aller möglichen Entscheidungen gewesen war.
Nicht nur, dass deutlich mehr Auftritte stattfanden, als ich in Erfahrung gebracht hatte! Auch die Lokalitäten, die dabei angesteuert wurden, konnten sich sehen lassen. Mit Bussen der Bundeswehr, die zwar nicht mehr dem

letzten Stand des Komforts entsprachen, wurden Ziele in nah und fern bereist. Bremervörde, Seesen am Harz und Wedel an der Elbe, unweit von Hamburg, gehörten dazu. Der Höhepunkt aller Events war jedoch die bereits erwähnte, zweitägige Reise nach Trier. Die sangesfrohen Matrosen wurden bei Privatleuten untergebracht, es fehlte ihnen an nichts, und der Abend des Auftritts war für alle Beteiligten grandios.

Als der Bus am Sonntagmorgen die Rückreise antrat, da hatten alle Sänger ein ganz tolles Wochenende hinter sich, das allerdings noch nicht ganz zu Ende war. Denn als der Bundeswehrbus bei Gütersloh anhielt, um den Mitreisenden eine kleine Pause in der Autobahnraststätte zu ermöglichen, wurden sie vom Wirt aufgefordert, eine Kostprobe ihrer Sangeskunst abzugeben. Dieser Wunsch wurde umgehend erfüllt, was mit kostenfreien Getränken honoriert wurde.

*

Im Fach Schiffskunde hatten wir u.a. gelernt, dass jede Schwimmende Einheit der Bundesmarine aus Gründen der Schiffssicherung in wasserdichte Abteilungen aufgeteilt ist, deren Nummerierungen am Heck mit „1" beginnen und sich zum Bug hin aufsteigend fortsetzen. Doch als ich zwei Jahre später als Oberfähnrich zur See auf einem Küstenminensuchboot Dienst tat, stellte ich fest, dass das offensichtlich nicht immer stimmte, denn beim KM-Boot begann die Aufteilung am Heck mit der „Abteilung 0".

Doch warum das so war, das ist wieder eine ganz andere Geschichte...

Legende zur Crew IV/66

... denn bei der Marine geht keiner verloren!

von Roland Blatt, 2021

1.
Einst ging ich zum „Bund", Abteilung Marine,
in Glückstadt gab´s ranzige Wurst, dazu Margarine.
Formaldienst mit Druck und mit Dosenschwarzbrot,
erst abends im Feldbett war alles im Lot.
Ich ziehe das durch, ich hab´s mir geschworen,
denn ... bei der Marine geht keiner verloren!

2.
Das „Blauzeug Marine" hing immer ganz tief
im Spind, denn man trug dort zum Stiefel meist NATO-Oliv.
Die Hosen zu groß, die Jacken zu weit,
die Stahlhelme drückten ... die Scheitel fast breit.
Das alles berichten die Kommentatoren,
doch ... bei der Marine geht keiner verloren!

3.
Am Montag ging es hinaus ... nach Nordoe
zum Landkampf, ein einsamer Balken war dort unser Klo.
Nachts schlief man zu zweit ... im winzigen Zelt,
in voller Montur, fernab von der Weit.
Ich fror an den Händen, an Füßen und Ohren,
doch ... bei der Marine geht keiner verloren!

4.
Für mich ... war die Kampfbahn ein Ort voller Graus,
in voller Fahrt laufend glitt ich im Stolperdraht aus:
Ich stürzte und fiel nach links vorn in den Dreck,
die Rippen beschädigt, die Luft blieb mir weg.
Es schmerzte, als bissen mich Alligatoren,
doch ... bei der Marine geht keiner verloren!

5.
Wir pullten die Kutter bei kalt und bei warm,
und morgens um vier ... war öfters mal NATO-Alarm.
Dann folgte ein Marsch ... rund um die Kaserne,
im Gleichschritt, ich machte das damals ganz gerne.
Schon fuhren die Bauern mit ihren Traktoren,
doch ... bei der Marine geht keiner verloren!

6.
„Nicht nachlassen!" war ... das tägliche Motto,
der Zeugdienst auf Stube dagegen wie fröhliches Lotto.
Befehl war, zu laufen und niemals zu geh'n!
Wir schliefen zu wenig, doch manchmal im Steh'n,
mit Vorliebe aber ... bei unsren Pastoren,
doch ... bei der Marine geht keiner verloren!

7.
Der Dienst ging am Samstag in etwa bis zwölf,
erst Ko-Chef, danach noch Reinschiff bis 20 nach elf.
Knapp 400 D-Mark, man fühlte sich reich,
die Kneipe FORTUNA ... lag drüben am Deich,
die Wiesen zur Elbe, ... noch ohne Rotoren,
doch ... bei der Marine geht keiner verloren!

8.
Die Stadt Bremerhaven war danach Station,
wir waren da Schmiede und Schlosser in einer Person!
Der Dienst ging voran im Werkstattgemäuer,
wir bogen da Eisen, so heiß wie das Feuer!
Es perlte der Schweiß ... aus fast all unsren Poren,
doch ... bei der Marine geht keiner verloren!

9.
Schiffssich´rung in Neustadt am Ostseegestade:
Man lud uns in alten Fregatten fast täglich zum Bade!
Da stopften wir Löcher ... bordeigener Wände
und löschten das Feuer ... unzähliger Brände.
Am Schluss sind wir fast ... Seebetriebsinspektoren,
denn ... bei der Marine geht keiner verloren!

10.
Der Segler GORCH FOCK, der war unser Schiff,
er segelte schnell, und steuerte nie auf ein Riff.
Doch morgens herrscht Eiswind ... im Ärmelkanal,
bringt Kälte, und mancher wird blässlich und fahl,
und dennoch ist keiner ... von uns da erfroren,
denn ... bei der Marine geht keiner verloren!

11.
Der Wind wird bald stärker, dann stürmt es total,
jedoch uns Kadetten ist das ... jetzt schon egal.
Die Seefahrerbeine ... sind längst uns gewachsen,
da stören uns kaum noch ... „neptunische" Faxen.
Man ist bereits seefest und neu, wie geboren,
denn ... bei der Marine geht keiner verloren!

12.
Die Arbeit im Rigg ist jetzt nur noch Qual,
der Klüver rauscht ab und geht tief in den Wellen zu Tal,
das Jagerfall reißt, ist ganz plötzlich entzwei,
das Segel kommt runter, vertörnt sich dabei,
wird doch noch geborgen, fast ohne Blessuren,
den ... bei der Marine geht keiner verloren!

13.
Der Kurs geht nach Süd, auch das Wetter wird besser,
die Segel am Klüver stch'n da ... wie geschliffene Messer,
die Segel der Rahen, die fangen die Böen,
wir sind's nun gewöhnt ... und finden das schön.
Die Fahrt wird sehr schnell, sogar ohne Motoren,
doch ... bei der Marine geht keiner verloren!

14.
Reinschiff und Madeira, es lebe der Wein!
Von Casablanca geht's weit ... nach Marokko hinein.
Zuvor ... wurde einer per Boot ausgeschifft,
man fürchtet, dass man ihn wohl nie wieder trifft.
Doch dieses geschieht ... schon vor Lissabons Toren,
denn ... bei der Marine geht keiner verloren!

15.
Von Portugal geht es per Schiff namens RUHR
mit rasender Fahrt gegen Wellen und Wind dann retour.
Danach mit dem Schulschiff, der DEUTSCHLAND, auf See,
hab´ Wache ... und manchmal auch „einen im Tee",
dann wieder im Dienst mit Magenrumoren,
doch ... bei der Marine geht keiner verloren!

16.
Mein Abschnitt am Anfang ist „Abschnitt Maschine",
Reinschiff, das heißt für mich Waschraum, zuvor auch Latrine.
Wir schlafen zu vierzig in stählernen Decks,
geweckt wird früh morgens um viertel nach sechs,
und immerzu dröhnen ... die Luftkompressoren,
doch ... bei der Marine geht keiner verloren!

17.
Der Wachwechsel ist ...ganz pünktlich um acht,
da hat „John Silver" schon lange das Frühstück gemacht.
Doch langweilig ist ... es uns irgendwie nie,
denn Vorgesetzte können ... so giftig sei wie
Warane auf Klippen der wilden Komoren!
Doch ... bei der Marine geht keiner verloren!

18.
Durchs Kattegat geht ... es zur Nordsee hinein,
wir lernen sehr viel, doch ganz sicher kein Seemannslatein.
Der Ärmelkanal ... lässt uns gnädig passieren,
auf See im Atlantik – man könnt′ sich verlieren!
Da sichten wir Inseln, ... man nennt sie Azoren,
denn ... bei der Marine geht keiner verloren!

19.
Alarm! ... Man rennt auf Station, die Schotten sind dicht.
Doch eines davon ist verklemmt, der Schotthaken bricht!
Die Schottklappe fällt, der Finger ist ab!
Ein Schrei hallt durchs Schiff, überlebt wird nur knapp!
Dann ärztlich versorgt durch Marine-Doktoren,
denn ... bei der Marine geht keiner verloren!

20.
Alarm ist beendet, die Fahrt geht jetzt weiter,
der Borddienst ist zäh und ermüdend, doch manchmal auch heiter.
Das Wetter ist brauchbar, so wie es sich frommt,
doch einer dreht durch, der Hubschrauber kommt!
Erkrankungsgrund waren ... Belastungsfaktoren,
doch bei der Marine geht keiner verloren!

21.
In Charleston erreicht man den Staat USA,
dann geht es nach Houston ... und weiter nach Panama.
Da landet so mancher ... bei „Damen" im Bett,
saniert wird dann später ... im Schiffslazarett!
Wir wandeln auf Spuren der Konquistadoren,
doch ... bei der Marine geht keiner verloren!

22.
Äquator und Taufe ist dann unser Ziel,
wir leiden beim Taufakt ... und feiern im Räuber-Zivil.
Äquator und Taufe, ein Brauch hier an Bord,
dann wieder im Dienst, der Kurs geht nach Nord.
San Diego: Wir schießen aus all unsren Rohren!
Doch ... bei der Marine geht keiner verloren!

23.
Ein Mann unsrer Crew, aus dem Deck „9 z 4",
der zielte zu deutlich ... mit seinem Kanonenvisier.
Er schießt auf den Luftsack, schon hat er getroffen!
Der Luftsack fällt runter, ... im Deck wird gesoffen.
Da jammern die Bonner Finanzdirektoren!
Doch ... bei der Marine geht keiner verloren!

24.
In Vancouver tanzt man für Sonnenschein,
in Mexiko kaufe ich ... Ponchos fürs Bergfest ein,
im Dschungel von Panama macht man „Shakehands",
im Frenchquarter, New Orleans, spielen die Bands,
Bermuda erfreut uns ... mit Faunen und Floren,
doch ... bei der Marine geht keiner verloren!

25.
Kurs Heimat ist nun aber angesagt,
mit Seefahrt ...von mehr als 3 Wochen, was keinem behagt!
Wir lernen am Tag und schieben nachts Wachen,
so manchem vergeht hier das fröhliche Lachen
bei Leistungsnachweisen und Prüfungsklausuren.
Doch ... bei der Marine geht keiner verloren!

26.
Wir „wirbeln und rödeln" mit all unsrer Kraft,
doch dann ist auch endlich der Lehrgang geschafft!
Am Tag hundertvierzig, da sind wir zurück,
in Kiel gibt es Jubel, ... wir strahlen vor Glück!
Schnell werden die Festmacherleinen geschoren,
denn ... bei der Marine geht keiner verloren!

27.
Wir wechseln nach Mürwik, Hochschule Marine:
Studieren und Folkebootsegeln, doch abends Kantine!
Ist endlich und letztlich die Prüfung okay,
dann geht es an Bord ... als Fähnrich zur See!
Ein jeder hat dann ... seinen Weg sich erkoren,
doch ... bei der Marine geht keiner verloren!

28.
So mancher hat sich ... inzwischen beweibt,
geht irgendwann heim, doch der „harte Kern" bleibt.
Die einen studieren und leben zivil,
die andren betreiben „Marine" als Ziel
und tun ihren Dienst, wie sie es einst schworen.
Doch ... bei der Marine geht keiner verloren!

29.
„Kap´tän" oder „Laufbahn zivil", das ist doch egal,
Marine und Seefahrt, das war unsre Wahl!
Die Wellen bezwingen, die See zu erfahren,
war Traum und wurde real ... für ein Bündel von Jahren,
und w i r waren da ... die Lokalmatadoren!
Doch ... bei der Marine geht keiner verloren!

30.
Einst ging ich zum Bund, Abteilung Marine,
in Glückstadt gab´s ranzige Wurst, dazu Margarine.
Das alles ist nun ... weit über 50 Jahr´ her,
ich denk´ gern zurück, und das Herz wird mir schwer.
Doch heute, ... da sitz´ ich im Kreis der Senioren,
denn ... bei der Marine geht keiner verloren!

Legende zur TMS II:

TECHNISCHE MARINESCHULE II

BREMERHAVEN

Aus der Vergangenheit

Der Name unserer Garnison hat
in der Marine einen alten Klang.
Als 1848 die deutsche Nationalversammlung die Gründung einer
ersten reichsdeutschen Flotte be-
schloß, war es Brommy, der erste
deutsche Admiral, der Bremerhaven
zum ersten deutschen Flottenstützpunkt machte.

1886 übernahm die neu aufgestellte III. Matrosen-Ar-
tillerieabteilung der Kaiserlichen Marine die Küsten-
befestigungen.

So folgte 1934 die deutsche Reichsführung zugleich
alter Marinetradition, als sie in Wesermünde (heute
in Bremerhaven eingegliedert) auf dem Gelände der ehemaligen Tecklenborgwerft den Bau einer neuen Marineschule in Angriff nahm. Trotz großer baulicher
Schwierigkeiten im sumpfigen Deichvorgelände in der
Geesteschleife unweit der Einmündung in die Unterweser zogen bereits ein Jahr später die Marineschule
Wesermünde (heute Technische Marineschule II) und die
II. Marineunteroffizier-Lehrabteilung Wesermünde in
die neuen Kasernen ein. Eine vielseitige technische
Ausbildung begann. Auch durch ihre militärische Erziehung und ihre sportlichen Leistungen erwarb sich die
Schule einen anerkannten Ruf. Wachsende Aufgaben, zu-
mal im Krieg, erforderten bald Erweiterungsbauten.
Während in einer einzigen Bombennacht die Stadt in
Schutt und Asche sank, kam die Marineschule mit eini-
gen Brandschäden davon. 12ooo Obdachlose fanden zeitweise in der Marineschule Unterkunft und Verpflegung.

Nach Übergabe der Schule an die Amerikaner am 7. Mai
1945 fielen die vorübergehend unbewachten Anlagen
der Plünderung zum Opfer. Eine langjährige Aufbau-
arbeit war hierdurch weitgehend vernichtet.

Der Neubeginn

Nach Auflösung der deutschen Minenräumverbände 1951 rückte die aus deutschen Besatzungen gebildete Labor Service Unit (LSU) in die alten Kasernen ein.

4 Jahre später begannen die Vorbereitungen für die Aufstellung unserer neuen Marine. Aus dem 1956 gebildeten Stützpunktkommando wurde bald der Schiffstechnische Schulstamm herausgenommen, vorläufig noch als "Zweigstelle" der Technischen Marineschule I Kiel. Dank guter Zusammenarbeit mit der US Navy konnte nach und nach der wesentlichste Teil des Geländes wieder übernommen werden. Am 1.4.1959 wurde die Zweigstelle Bremerhaven von der Kieler Schule gelöst und als Technische Marineschule II (TMS II) selbständig.

Jahr um Jahr ist seitdem vergangen. Vom Nullpunkt mußte begonnen werden. Unverdrossener Einsatzwille aber schuf auf Trümmern neue und moderne Einrichtungen.

Wieder kamen zu uns junge Soldaten, erfüllt vom gleichen Frohsinn und Lebenswillen, von gleicher Liebe zur Heimat und zur Seefahrt wie einst ihre Väter.

Aufgaben der Technischen Marineschule II

Schiffstechnische Ausbildung für Offiziere auf Zeit

Technische Grundausbildung für alle Offizieranwärter der Marine

Erste fachliche Ausbildung von Mannschaften und fachliche Ausbildung zum Unteroffizier für den Einsatz an Dampfmaschinen-, Motoren- und elektrotechnischen Anlagen

Handwerkliche Sonder- und Umschulungslehrgänge

Neben der fachlichen Ausbildung kommen Staatsbürgerkunde, Dienstkenntnis, Sport und Formaldienst zu ihrem Recht.

Ziel ist, der Flotte Soldaten zur Verfügung zu stellen, die das notwendige fachliche Wissen für ihre Aufgaben an Bord besitzen.

Anhang:

Im Stützpunkt Neustadt: bei der Brandabwehr,
Anzug „Stahlhelm, Lederpäckchen, Seestiefel"

Bremerhaven: Pause hinter der Werkstatt
Zeit zur Lektüre gab es gelegentlich auch.

Ein Matrose (OA) der Crew IV/66 in der Dienststellung des „Matrosen vom Dienst" im Eingangsbereich der 1. Inspektion der TMS II in Bremerhaven.

Die Kasernenblocks der TMS II
Hier Block 8 und Block 7, vorne der Musterungsplatz

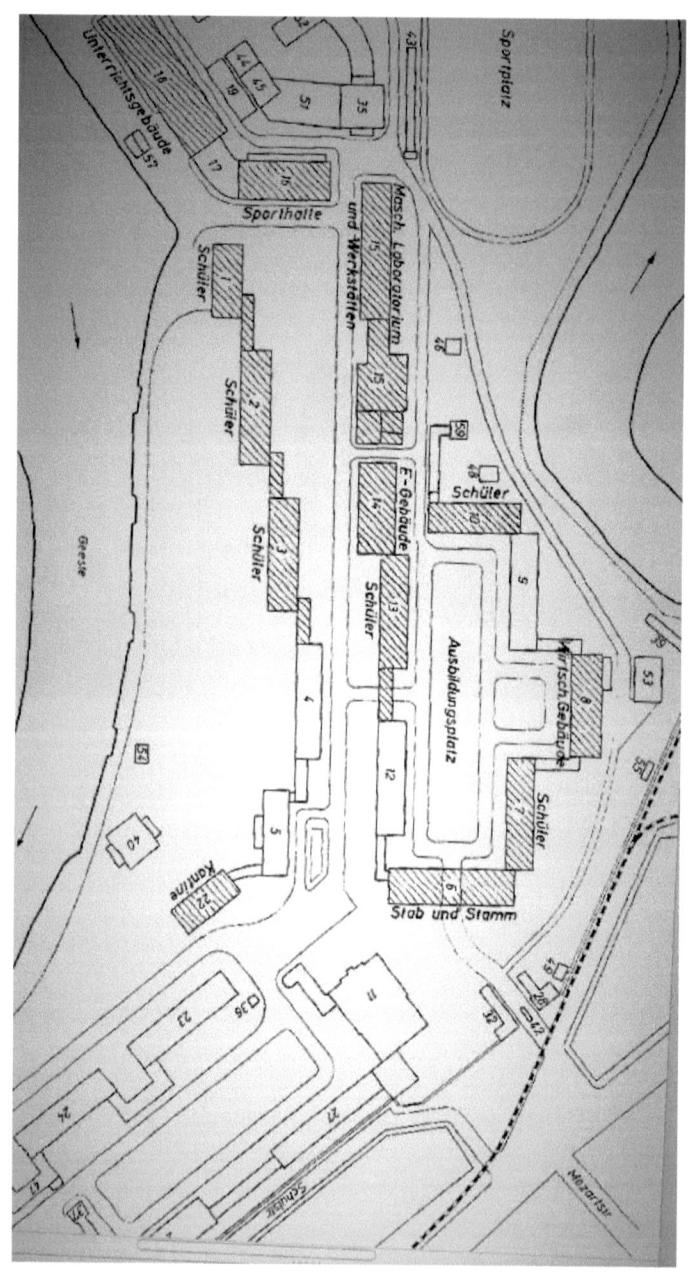

150

Bild links: Plan der TMS II und der Marineortungsschule

Mittig die Kasernen der Technischen Marineschule II, die um den Musterungsplatz herum gebaut sind und sich von dort in Richtung der Werkstatthallen fortsetzen.
Links: Beginn der Werkstatthallen
Links oben: Sportplatz
Oben rechts: Eingang und Wachgebäude
Rechts: die Gebäude der Marineortungsschule
Oben und unten: die Geeste, die den Komplex umfließt.
Block 13 war das Unterkunfts- und Funktionsgebäude
der 1. Inspektion der TMS II.

Freiliegende Schlammbänke der Geeste bei halber Tide: Im Hintergrund der große Kran der Rickmers Werft.

Aus der Beilage der 1966 geltenden Kasernenvorschrift:

BREMERHAVEN
„Brücke nach Übersee"

Die drei großen Wirtschaftsfaktoren Schiffahrt, Werften und Fischerei prägen das Gesicht unserer Stadt. Es ist nicht leicht, den Kontakt zu diesem Standort zu finden und sich einzuleben. Du mußt mit offenen Augen über den Deich und durch den Hafen gehen, um das Wesentliche zu erfassen. Romantische, verträumte Winkel sind hier kaum zu finden. Alles atmet Nüchternheit und Zweckmäßigkeit. Dahinter aber steht eine rastlose, tätige, geschäftige Wirtschaft, ständig angeregt durch Impulse aus Übersee und in Verbindung mit allen Schiffahrt treibenden Nationen.

Zwischen der Öffentlichkeit und der Schule besteht ein guter Kontakt. Bekanntgeworden nach außen ist die Schule besonders durch die Bewährung der Soldaten bei der Sturmflutkatastrophe 1962 und durch das Auftreten des Chores "Blaue Jungs aus Bremerhaven". Eine besonders gute Zusammenarbeit besteht mit der Industrie-und Handelskammer und der Schiffsingenieurschule; für Lehrabschlußprüfungen und die Ausbildung von Schiffsingenieuren wurden die Einrichtungen der TMS II mit zur Verfügung gestellt.

Kantine

(Auszug aus der Kantinenordnung)

Die Kantine ist geöffnet:

    werktags   08.00 - 23.00 Uhr

    sonntags   08.30 - 23.00 Uhr

Aufenthaltszeit für Soldaten in der Grundausbildung montags bis freitags 22.00 Uhr.

Die Kantine darf nur in Uniform, Anzug blau oder sauberem weißem Arbeitszeug mit Exerzierkragen, sonntags dazu seidenes Tuch, betreten werden. Nur zum kurzen Einkauf während der Dienstzeit ist der jeweilige Tagesanzug gestattet.

Das Betreten der Kantine in Zivil oder Trainingsanzug ist grundsätzlich verboten.

Der Genuß von Alkohol während der Dienstzeit ist nicht gestattet. Ferner ist es unzulässig, Alkohol, gleich welcher Form, aus der Kantine mit in die Stuben zu nehmen.

Es ist verboten, das Bier kastenweise auszugeben.

153

Die seit 1997 bestehende Marineoperationsschule hat die Gebäude der aufgelösten Technischen Marineschule II sowie die der ebenfalls aufgelösten Marineortungsschule übernommen. Sie ist die zentrale Ausbildungseinrichtung der Marine für Taktik, Navigation und Kommunikation.

Marineoperationsschule Wasserseite im Jahr 2017

Marineoperationsschule, Blick von der Brücke

Bremerhaven im Jahr 2022 – Blick aus großer Höhe in nördlicher Richtung.
Links die Weser, mittig der Alte Hafen, rechts die Stadt.

In Neustadt/Holstein:

links: Im Marinestützpunkt Neustadt/Holstein
am Kai: Zwei Schnelle Minensuchboote des 5. Minen-
suchgeschwaders sowie der Tender MOSEL.

links unten: ein Tender an der Pier rechts, nur zum Teil
auf dem Bild zu erkennen: Übungshulk ex-BRUMMER

oben und unten: F209 BRUMMER als Geleitboot der
Bundesmarine, im aktiven Dienst von 1957 bis 1963.
Minensuchboot, Geleitboot in der Zerstörerflottille und
zuletzt Ausbildungsschiff beim „Schulgeschwader".

Schiffssicherungslehrgruppe 1966 - Brandbekämpfung und Leckabwehr im Stützpunkt Neustadt/Holstein

Das Schiff, das 1966 als Übungshulk für die Brandbekämpfung bei der Schiffssicherungslehrgruppe im Stützpunkt Neustadt diente, war die 1963 ausgemusterte Fregatte BRUMMER, die in den Jahren zuvor für die Offiziersausbildung im Schulgeschwader genutzt worden war.

Das spätere Bundesmarineschiff BRUMMER wurde um das Jahr 1942 herum bei der Kriegsmarine unter der Bezeichnung M 85 in Dienst gestellt. Eigentlich als Hochsee-Minensucher vom Typ 35 konzipiert, wurden diese Einheiten, von denen insgesamt 69 gebaut wurden, vor allem wegen der sehr starken Bewaffnung als Artillerieträger im Geleitschutz eingesetzt. Die Engländer stuften sie deshalb als „Channel Destroyer" ein.

Nach dem Krieg fielen noch intakte Schiffe dieses Typs an Frankreich. Von dort wurden fünf dieser Schiffe von Deutschland zurück gekauft und 1957 in der gerade erst gegründeten Bundesmarine in Dienst gestellt und der Zerstörerflottille als 1. Geleitgeschwader übergeben. Die Geleitboote wurden jedoch in der NATO als Fregatten klassifiziert und waren deshalb mit einem F am Rumpf gekennzeichnet, hiermit der „Hull-Number" F209.

Anbei erhielten diese fünf Schiffe Namen, die in den vorhergehenden deutschen Marinen schon mehrfach Verwendung gefunden hatten. So entstand, wie schon in der Kaiserlichen Marine, ein „Insekten-Geschwader" mit den Einheiten: BRUMMER, BREMSE, WESPE, BIENE und HUMMEL.

Verstärkt durch die Tender EIDER und TRAVE bildeten diese Schiffe ab 1959 das sogenannte Schulgeschwader für die Offiziersausbildung.

Die Hochsee-Minensucher vom Typ 35 waren alle mit Dampfmaschinen ausgerüstet, teils kohlebefeuert, teils ölbefeuert. Im Maschinenraum der Fregatte BRUMMER, in dem die Brandbekämpfung 1966 durchgeführt wurde, befanden sich neben Motoren und Maschinen aller Art auch die Dampfkesselanlage. Das Oberlicht, durch das die Brandbeschleuniger eingefüllt wurde, befand sich achtern vom Schornstein.

In Neustadt/Holstein: Übungshulk ex-BRUMMER F209 für die Brandbekämpfung, davor eine der Übungshulken für die Leckabwehr, hier das Räumboot ex-MORITZ.

M85 – Fregatte BRUMMER F209 - Länge: 68,1 m, Breite: 8,7 m, Tiefgang.: 2,65 m, Verdr.:870 t, 90 Mann Besatzung, 2 Hochdruck-Dampfkessel, 3200 PS, 18 Knoten

An Bord einer Räumboot-Hulk:
Nach erfolgreicher Leckabwehr,
... nass, aber „happy".

Räumboote: Kriegsmarine, Deutscher Minenräumdienst, Bundesmarine bis ca. 1963. Danach z.T. Verwendung als Übungshulk für Leckabwehr im Stützpunkt Neustadt, Schiffssicherungslehrgruppe. Geübt wurde meist im Unterdecksbereich achtern.

Die in der Bundesmarine verwendeten Räumboote waren komplett aus Holz gebaut und hatten folgende Daten:

Baujahr ab 1943 bis Kriegsende,
Länge 41 m, Breite 5,9 m, Tiefgang 1,6 m, Verdr. 150 t
Besatzung: 38 Mann
Antrieb: 2 Dieselmotoren – Geschwindigkeit: 19 Knoten

Etwa 140 Boote dieses Typs wurden gebaut, viele davon wurden an die Alliierten ausgeliefert. Nach Gründung der Bundeswehr erhielt die Marine 26 R-Boote zurück, die im 1. und 3. Minensuchgeschwader im Dienst waren oder für Ausbildungszwecke zur Verfügung standen. Ab 1963 wurden die sehr solide gebauten R-Boote durch die „Schnellen Minensuchboote" ersetzt.

Einige endeten als Hulk in Neustadt/Holstein. Wegen der Holzbauweise waren sie für die Brandabwehr ungeeignet, dafür umso mehr für die Leckabwehr.

Abschließende Bemerkungen

Das vorliegende Buch entstand zu Anfang des Jahres 2025. Das Geschilderte liegt also schon lange zurück und mag bei der Beschreibung vielleicht ein wenig im Licht einer beginnenden Altersmilde betrachtet worden sein. Dennoch ist sicher, dass alle Crew-Kameraden, die an diesem technischen Grundlehrgang im Sommer 1966 teilnahmen, eine viel unbeschwertere Zeit erlebten, als nur wenig zuvor in der militärischen Grundausbildung in Glückstadt. Doch auch wenn es dort oft ein Unterricht war, den man in der Schule lange genug erlebt hatte und den man in der Marine nun nicht mehr anzutreffen hoffte, so hatte er aber auch mancherlei Interessantes zu bieten. Ganz sicher und unabhängig vom Werdegang, sei es in der Marine oder im Zivilleben, werden am Ende sicher einige gesagt haben, sie hätten in Bremerhaven und in Neustadt doch auch einiges „fürs Leben" gelernt.

Ich bedanke mich für die Anhaltspunkte und vor allem für die Bilder, die mir zugeschickt wurden. Neben Fotos aus eigenem Bestand fanden besonders die Bilder von Albert, Bannasch, Ehlers, Hirtz, Malfeld, Johnigk und Hentschel Verwendung. Ergänzende Hinweise erhielt ich zudem von Alexa, Bartels, Eggert, Ehlers, Hochgräfe, Kolbmann, Malfeld, Meineke und Moebes.

Norderstapel, im Frühjahr 2025

Roland Blatt, Autor